까칠한
문학 속
친절한
현대사

까칠한 문학 속 친절한 현대사

(교과서에서 뽑은 현대문학 작품 86)

[교실밖 교과서®] 시리즈 NO.16

지은이 | 박기복
발행인 | 김경아

2015년 8월 8일 1판 1쇄 인쇄
2015년 8월 15일 1판 1쇄 발행

이 책을 만든 사람들
책임 기획 | 김경아
북 디자인 | 김효정
교정 | 좋은글
경영 지원 | 홍종남

이 책을 함께 만든 사람들
종이 | 제이피씨 정동수
제작 및 인쇄 | 다오기획 김대식

펴낸곳 | 행복한나무
출판등록 | 2007년 3월 7일. 제 2007-5호
주소 | 경기도 남양주시 도농로 34, 부영아파트 301동 301호
전화 | 02) 322-3856 팩스 | 02) 322-3857
홈페이지 | www.ihappytree.com
도서 문의(출판사 e-mail) | book@ihappytree.com
내용 문의(책말글 연구소) | cafe.naver.com/booktalkwrite
※ 이 책을 읽다가 궁금한 점이 있을 때는 책말글 cafe를 이용해주세요.

ⓒ 박기복, 2015
ISBN 978-89-93460-65-0
"행복한나무" 도서번호 : 076

교과서에서 뽑은 현대문학 작품 **86**

까칠한 문학속 친절한 현대사

|박기복 지음|

문학을 통해 역사를 이해하고
역사를 통해 문학을 감상하자!

'닥치고 외워야' 하는 한국현대사

"도대체 이 인물이 왜 이런 식으로 느끼는지 공감이 안돼요. 저랑 너무 멀어요."

현주는 수능 국어 모의고사 문제를 풀다가 틀리고는 이렇게 투덜거렸다. 현주가 마주한 지문은 1960년대를 배경으로 한 소설이었는데, 산업화와 도시화로 인한 인간소외를 그린 작품이었다. 현주는 등장인물이 왜 소외감을 느끼는지 이해하지 못했다. 소외감으로 인한 상처도 공감하지도 못했다. 나는 현주를 보면서 아주 명확하게 '세대차이'를 확인했다. 10대인 현주와 성인인 나는 같은 시대를 살지만 정서는 확연히 달랐다. 한창 경제개발을 하던 1960~70년대에 어린 시절을 보내며 농촌의 현실과 산업화 과정을 나름대로 접하며 살았던 나는 소설 속 주인공의 정서가 곧바로 와 닿았지만, 2000년대를 살아가는 10대의 현주에게 1960~70년대를 배경으로 하는 소설은 조선시대를 배경으로 한 역사 소설과 크게 다르지 않았다.

"한국사는 완전 암기예요. 특히 한국현대사는 외우다 머리 터지겠어요."

한국사 시험을 준비하며 현주는 손으로 머리카락을 자주 헝클어뜨렸다. 현주에게 한국사, 특히 현대사는 '닥치고 외우는' 골치 아픈 과목일 뿐이었다. 현주처럼 암기할 게 너무 많아서 역사를 싫어한다는 학생들을 주위에서 많이 본다. 그런데 이 학생들과 이야기하다 보니 역사를 싫어하는 이유가 암기할 양이 많기 때문만은 아니라는 것을 알았다. 역사를 싫어하는 또 다른 이유는 역사 속 왕들의 업적, 권력자들의 권력다툼, 무수히 나열되는 복잡한 사건 등이 자기와 아무런 관련이 없다고 느끼기 때문이었다. 자기와 아무 관련도 없는 지식을 오직 시험을 위해서 외우려고 하니 지겹고 힘들다.

문학 작품과 한국현대사의 융합은 필수다

역사는 자신을 거쳐 간 모든 이들에게 흔적을 남긴다. 특히 식민지, 분단, 전쟁, 산업화, 민주화와 같은 격렬한 변화를 짧은 기간에 압축해서 겪은 한국인들에게 역사는 난폭한 폭력을 휘둘렀다. 극수소를 제외한 대다수 한국인들은 한국현대사를 거치면서 무수한 상처를 받았다. 문학 작품을 쓴 작가도 역사의 생채기에서 예외일 수 없었다. 예민한 감성을 지닌 작가들이기에 보통 사람보다 받은 충격이 더 컸다. 작가의 상처는 작품이 되고, 시대의 아픔과 인간의 기본 정서를 잘 담아낸 작품은 교과서에 실리고 수능과 시험에 출제된다.

역사책은 승자와 권력자들을 중심에 두지만, 문학은 패자와 약자를 중심에 둔다. 역사책은 패자와 약자의 이야기에 인색할 뿐 아니라, 억울한 죽음마저도 무미건조하게 기록한다. 반면에 문학은 패자와 약자들이 받은 상처와 고통을 풍부하게 담아낸다. 무엇보다 역사책에 실린 과거는 생기를 잃은 사실의 기록이지만, 문학에 담긴 과거는 팔딱거리는 근육처럼, 소용돌이치는 심장처럼 생명력이 넘친다.

이러한 이유로 한국현대사와 문학은 하나로 융합해서 공부할 필요가 있다. 문학을 통해 역사를 이해하고, 역사를 통해 문학을 감상하는 힘을 키워야 한다.

고등학교 필수 문학 작품으로 접근한 한국현대사

중·고등학교나 수능 국어에 나온 문학 작품은 인간의 기본 정서와 더불어 시대의 특성을 반영하는 작품이 많다. 굴곡 많은 현대사를 거친 우리나라이기에 수능과 학교 국어시험에 나오는 문학 작품을 정확히 독해하려면 한국현대사와 문학 작품을 연결하는 공부가 꼭 필요하다.

이 책에 실린 문학 작품은 수능은 물론 중·고등학교 국어 시험에 꼭 나올 뿐 아니라 시대의 특징도 잘 담고 있다. 이 작품들을 한국현대사의 중요 사건 및 특징과 연결하여 익히면, 두 과목 공부 모두에 큰 도움이 될 것이다.

나는 제자들과 이야기를 나누다 책의 소재를 발견하는 경우가 많다. 이 책도 제자들이 문학 작품과 한국현대사를 공부하면서 털어놓는 답답함을 해결해 줄 방법이 없을까 고민하다가 쓰게 되었다. 이 책이 제자들과 같은 처지에 놓인 학생들의 실력 향상에 도움이 되기를 바란다.

오늘의 나를 있게 해주신 어머니께 이 책을 바칩니다.

메마른 대지에 비를 적시는

時雨

2부 [1945~1960년]
분열과 전쟁의 시대, 인간성을 시험하다 • 100

1부

1910~1945

식민지시대,

가난과 억압 속에 갈린

굴종의 길

1945

1910

까칠한
문학 속
친절한
현대사

"내가 사는 삶이 곧 역사다."

우리는 이 중요한 명제를 종종 잊는다. 내가 역사 속 인물이며, 후대에는 내 삶이 역사에 기록된다는 점을 까먹는다. 한국현대사를 배우면서 교과서 속 사건과 상황이 내 아버지와 어머니, 혹은 할아버지와 할머니 세대의 삶이었다는 점을 인식하지 못한다. 우리네 역사 공부의 큰 문제점이다.

나도 과거에는 아버지, 어머니의 삶을 역사 공부와 연결할 줄 몰랐다. 역사를 깊이 파고들던 어느 때에, 아버지기 살아 계실 때 들려주셨던 당신의 경험이 거대한 역사와 밀접하게 연결되어 움직였다는 사실을 깨달았다. 나는 흐릿해진 기억을 애써 되살리며 아버지가 해 주신 이야기와 한국현대사를 연결해 보았다.

내 아버지는 1930년대에 태어나신 뒤 평생 동안 농사를 지으신 농부셨다. 할아버지는 어릴 때 집을 나가셨고, 할머니와 두 분이 사셨다. 짚으로 비를 대충 가려 머물 곳을 만들었는데 세간이라고는 수저와 그릇 몇 개가 전부였다. 할머니가 이웃의 일손을 도우며 입에 겨우 풀칠할 정도로만 먹으며 사셨고, 아버지는 아주 어린 나이부터 쉼 없이 일을 했다. 늘 살기 힘드셨지만 농사일이 바쁜 계절과 나름대로 식량을 쌓아둔 겨울은 죽을 지경은 아니었다. 늦봄은 달랐다. 지금은 계절의 여왕이라고 감탄하는 5월이 당시에는 무수한 목숨이 굶어 죽는 지옥의 달이었다.

"배고파서 풀뿌리 캐먹고, 나무껍질을 벗겨 먹었다. 하지만 그마저도 계속 먹을 수는 없었다. 너무 많이 먹으면 몸에 독이 차고, 때로는 끝없는 설사를 했다. 설사를 계속하다가 죽는 사람도 많았다. 죽지 않으려고 때로는 똥도 먹었다."

나는 아버지가 똥을 먹었다는 말을 듣고 헛구역질을 했다.

"으웩! 아니 어떻게 똥을 먹어요?"

"네가 목숨이 왔다 갔다 하는 지독한 굶주림을 겪지 않아서 그런 소리를 하는 구나. 네가 받아들이기 어렵겠지만 똥도 음식이다."

"아무리 그래도 그렇지……."

"물론 그때도 똥을 더럽다면 안 먹는 사람도 있었다. 그런 사람들은 배고픔을 달래려 흙을 풀잎에 싸서 입에 쑤셔 넣기도 했는데, 그런 사람들 중 죽은 사람이 많았다. 똥을 먹으면 살고, 흙을 먹으면 죽었다."

굶어 죽지 않기 위해 풀뿌리와 나무껍질을 먹었다는 이야기는 많이 들었지만 똥을 먹었다는 소리는 아버지께 처음 들었다. 식민지시대의 끔찍함이 몸서리치게 다가오는 순간이었다.

1

식민지, 빼앗긴 들에도 봄은 오는가?

『바라건대는 우리에게 우리의 보습 대일 땅이 있었다면·고향·
봄봄·모범 경작생·탁류·빼앗긴 들에도 봄은 오는가』

일본은 섬나라로 산이 많다. 농사 지을 땅이 부족하고 섬이다 보니 물자가 풍족하지 않았다. 그래서 일본은 부족한 물자를 조선과 중국을 통해 채웠다. 중국·한국과 관계가 원만할 때는 무역을 했고, 관계가 좋지 않을 때는 왜구들이 해안가에 나타나 약탈을 했다. 일본은 근대화로 국력이 강해지자 조선을 식민지로 삼아 자신들의 경제 성장에 필요한 물자를 공급받고자 했다. 일본이 과거부터 식민지 때까지 한반도에서 약탈해 간 핵심 물자는 식량, 그 중에서 쌀이었다. 쌀을 빼앗는 가장 좋은 방법은 농지를 일본인이 직접 소유하고, 거기에서 생산된 쌀을 일본으로 보내는 것이다.

 나는 꿈꾸었노라, 동무들과 내가 가지런히

벌 가의 하루 일을 다 마치고

석양에 마을로 돌아오는 꿈을,

즐거이, 꿈 가운데.

그러나 집 잃은 내 몸이여,
바라건대는 우리에게 우리의 보습 대일 땅이 있었다면!
이처럼 떠돌으랴, 아침에 저물 손에
새라 새로운 탄식을 얻으면서

······(생략)······

『바라건대는 우리에게 우리의 보습 대일 땅이 있었다면』 (김소월)

김소월은 『바라건대는 우리에게 우리의 보습 대일 땅이 있었다면』에서는 들에서 일을 마치고 즐거이 웃으며 동무들과 집으로 돌아오는 꿈을 꾼다. 특별한 꿈도 아니다. 그저 내 땅에서 땀 흘려 농사를 짓고 수확한 식량으로 가족과 이웃이 즐겁게 나눠먹는 꿈일 뿐이다. 그러나 농민들은 땅을 빼앗겼고, 일제의 수탈과 지배로 인한 고통에서 벗어날 수 없었다. 김소월의 시에는 일제에게 땅을 빼앗기고 떠돌아다니며 고통당하는 농민들의 탄식이 담겨 있다.

일제는 1908년 동양척식주식회사를 설립한다. 동양척식주식회사는 설립되자마자 대한제국이 소유하던 상당한 규모의 땅을 넘겨받는다. 동양척식주식회사는 1912년부터 1918년까지 제대로 된 토지 소유권을 확립한다는 명분을 내세우며 토지조사사업을 실시하였으나, 실제 목적은 농민이 소유한 토지를 빼앗기 위함이었다. 토지조사사업은 토지 소유주가 직접 신고하는 신고제를 원칙으로 했는데, 일제에 대한 반발심이 심했던 농민들은 제대로 신고를 하지 않았다. 또한 신고하는 기간이 짧아 일반 농민들이 신고하기도 쉽지 않았다. 이로 인해 신고 되지 않은 토지가 많았고, 이런 토지는 동양척식주식회사가 몽땅 차지했다. 동양척식주식회사는 토지조사사업이 마무리 될 때쯤, 전국 농토의 30% 이상을 차지하는 대지주가 된다.

강제로 빼앗은 토지는 소작인들에게 빌려주어 농사를 짓게 했고, 생산량의 50% 이상을 소작료로 가져갔다. 이렇게 빼앗은 곡물은 군산, 부산, 인천 등의 항구를 통해 일본으로 넘어가 일본의 부족한 식량을 보충했다. 한국에서 대량으로 넘어간 식량은 일본의 농산물 가격을 낮춰 일본인 노동자들의 저임금을 가능하게 만들었다. 일본의 기업들은 값싼 노동력을 이용해 빠른 속도로 성장했다.

일본은 한국을 원활히 지배하기 위해 일본인들을 조선으로 많이 옮겨 살게 하였다. 일본인 이주자들은 동양척식주식회사로부터 싼값에 땅을 넘겨받아 한국 농민들을 소작인으로 부리는 지주가 되었다. 이렇게 형성된 일본인 지주들은 식민지 지배를 유지하는 강력한 힘이었다. 땅을 빼앗기고, 동양척식주식회사에 식량을 빼앗기고, 일본인 지주에게 수탈을 당하던 농민들은 고향을 버리고 떠돌아다니거나 압록강과 두만강을 넘어 간도로 옮겨 갔다.

1920~1930년대, 농민들은 동양척식주식회사(동척)와 일본인 지주들에 맞서 소작쟁의를 많이 벌였는데 다 그만한 이유가 있었다. 1926년에는 의열단 나석주 열사가 동양척식주식회사에 폭탄을 투척하기도 했는데, 농민들의 분노를 보여주는 대표적인 사건이었다.

넉넉지는 못할망정 평화로운 농촌으로 남부럽지 않게 지낼 수 있었다. 그러나 세상이 뒤바뀌자 그 땅은 전부가 동양척식주식회사의 소유에 들어가고 말았다. 직접으로 회사에 소작료를 바치게나 되었으면 그래도 나으련마는 소위 중간 소작인이란 것이 생겨나서 저는 손에 흙 한 번 만져보지도 않고 동양척식회사엔 소작인 노릇을 하며 실작인에게는 지주 행세를 하게 되었다. 동척에 소작료를 물고 나서 또 중간 소작인에게 긁히고 보니 실작인의 손에는 소출의 삼 할도 떨어지지 않았다. 그 후로 '죽겠다', '못살겠다' 하는 소리는 중이 염불하듯 그들의 입길에 오르내리게 되었다.

『**고향**』(현진건)

농민들을 괴롭히는 것은 동양척식주식회사와 일본인 지주들만이 아니었다. 『고향』에는 한국인으로 한국인 농민들을 괴롭히는 중간소작인이 나온다. 소작인들은 동양척식주식회사와 중간 소작인에 의해 이중으로 고통받다보니 생산량의 30%밖에 손에 쥘 수 없었다. 일본인 지주와 친일 지주들이 지배하는 경작지에서는 지주들을 대신해 소작인을 관리하는 '마름'(지주 대신 소작인을 관리하는 사람)들의 횡포도 지독했다.

우리 장인님은 약이 오르면 이렇게 손버릇이 아주 못됐다. 또 사위에게 이 자식 저 자식 하는 이놈의 장인님은 어디 있느냐. 오죽해야 우리 동리에서 누굴 물론하고 그에게 욕을 안 먹는 사람은 명이 짧다 한다. 조그만 아이들까지도 그를 돌려세워 놓고 욕필이(본 이름이 봉필이니까) 욕필이 하고 손가락질을 할 만치 두루 인심을 잃었다. 허나 인심을 정말 잃었다면 욕보다 읍의 배 참봉 댁 마름으로 더 잃었다. 번히 마름이란 욕 잘하고, 사람 잘 치고, 그리고 생김 생기길 호박

개(뼈대가 굵고 불슬불슬한 개) 같아야 쓰는 거지만 장인님은 외양이 똑 됐다. 장인에게 닭 마리나 좀 보내지 않는다든가 애벌논(첫 김매기를 한 논) 때 품을 좀 안 준다든가 하면 그해 가을에는 영락없이 땅이 뚝뚝 떨어진다. 그러면 미리부터 돈도 먹고 술도 먹고 안달재산(속을 많이 태우며 여기저기 다니는 사람)으로 돌아치던 놈이 그 땅을 슬쩍 돌려 안는다. 이 바람에 장인님 집 외양간에는 눈깔 커다란 황소 한 놈이 절로 엉금엉금 기어들고, 동리 사람들은 그 욕을 다 먹어 가면서도 그래도 굽실굽실 하는 게 아닌가…….

「봄봄」」 (김유정)

'마름은 욕 잘하고, 사람 잘 치고, 생김새도 못돼 보여야 한다'는 말에 마름이 어떤 역할을 하는지 잘 드러난다. 지주가 모든 땅을 직접 관리하지 못하는 상황에서 마름은 지주를 대신해 땅을 실제로 관리했다. 마름이 소작인들의 경제생활을 좌우했다. 당연히 마름에게 잘 보여야 했기에 평소에도 뇌물을 바쳐야 했다. 마름 집 외양간에 황소가 저절로 생기는 이유다. 마름은 동네 사람들의 원성의 대상이었지만, 그 누구도 자신의 목줄을 쥔 마름에게 함부로 대들지 못했다. 소작인은 마름에게 목숨줄이 달려 있으므로 노예처럼 굽실거릴 수밖에 없었다.

『봄봄』에는 마름뿐 아니라 당시 농촌의 흥미진진한 풍속 하나가 엿보인다. 바로 데릴사위다.

우리 장인님 딸이 셋이 있는데 맏딸은 재작년 가을에 시집을 갔다. 정말은 시집을 간 것이 아니라 그 딸도 데릴사위를 해 가지고 있다가 내보냈다. 그런데 딸이 열 살 때부터 열아홉, 즉 십 년 동안에 데릴사위를 갈아들이기를, 동리에선 사위 부자라고 이름이 났지마는 열 놈이란 참 너무 많다. 장인님이 아들은 없고 딸만 있는 고로 그 담(다음) 딸을 데릴사위를 해 올 때까지는 부려먹지 않으면 안 된다. 물론 머슴을 두면 좋지만 그건 돈이 드니까, 일 잘하는 놈을 고르느라고 연방 바꿔 들였다. 또 한편 놈들이 욕만 줄곧 퍼붓고 심히도 부려먹으니까 밸(창자의 속어. 마음)이 상해서 달아나기도 했겠지. 점순이는 둘째 딸인데 내가 일테면 그 세 번째 데릴사위로 들어온 셈이다. 내 담으로 네 번째 놈이 들어올 것을 내가 일도 잘하고, 그리고 사람이 좀 어수룩하니까 장인님이 잔뜩 붙들고 놓질 않는다. 셋째 딸이 인제 여섯 살이니 적어두 열 살은 돼야 데릴사위를 할 테므로 그동안은 죽도록 부려먹어야 된다. 그러니 인제는 속 좀 채리고 장가를 들여달라고 떼를 쓰고 나자빠져라, 이것이다.

『봄봄』(김유정)

주인공은 장가를 가기 위해 처가(妻家)가 될 집에 데릴사위로 들어간다. 데릴사위가 되면 처가가 될 집에 머물며 허드렛일부터 힘든 농사일까지 모두 떠맡는다. 데릴사위는 아직 정식 사위가 아니기 때문에 언제든지 쫓겨나기도 한다. 결혼을 미끼로 순진한 총각을 데릴사위로 들인 점순이 아버지는 일 잘하고 순진한 데릴사위를 교묘하게 부린다.

데릴사위와 비슷한 형태로 '양자(養子)'도 있다. 양자는 입양한 아들이라는 뜻으로, 마치 '입양'과 비슷한 제도처럼 보이지만 입양과는 조금 다르다. 필자의 할아버지는 어릴 때 가난해서 농사지을 땅이 없었다. 남의 땅을 빌려서 농사를 짓기도 쉽지 않았다. 그래서 재산은 있지만 대를 이을 후손이 없는 친척 집에 '양자'로 들어갔다. 말이 좋아 양자지 실제로는 『봄봄』에 나오는 데릴사위처럼 그 집안의 머슴이나 다름없었다. 결혼을 한 뒤에도 생활이 안정되지 않고, 제대로 대우해주지 않으며, 심한 모욕을 주기까지 하니 그 억울함과 분노를 참지 못하고 집을 나가 버렸다. 남겨진 모자(필자의 할머니와 아버지)는 인연도 없는 남의 집에 얹혀살아야 했고 온갖 수모를 다 겪었다. 결국 할머니와 아버지는 숟가락과 그릇 몇 개만 들고 힘겨운 세상에 내쳐졌다. 필자의 아버지도 곤궁했던 어린 시절에 일정 기간 동안 친척 집에 양자로 들어간 적이 있다고 한다. 할아버지와 마찬가지로 진짜 양자라기보다는 머슴이나 일꾼에 가까웠다. 이래저래 가난한 이는 살기 어렵고, 가진 이는 이런저런 방법으로 가난한 이를 쥐어짜며 더 잘살던 시절이었다.

아무튼 마름은 식민지 농촌의 권력자였고, 부유층이었다. 마름과는 결이 다르지만 일제가 시행한 각종 농촌정책에 적극 협조하면서 풍족하게 살던 농민도 있었다. 박영준의 소설 『모범 경작생』에 나오는 길서가 그런 인물이다.

 여름 하늘은 구름 한 점 없이 말갛고, 곡식의 싹이 돋은 벌판은 물들인 것같이 파랗다.

"그런데 금년에 나두 길서네처럼 금비를 사다가 한번 논에 뿌려 보면⋯⋯. 길서는 밭에다 조합 비료래나⋯⋯ 암모니아를 친대⋯⋯. 그것을 한번 해보믄 좋겠는데⋯⋯."

하고 성두가 말할 때, 진도 아비는 벌떡 일어나 앉았다.

"말 말게. 골메에서는 누가 돈을 빚내다가 그것을 했다는데 본전두 못 빼구 빚만 남었다데."

"그럼! 웃동네 이록이네두 녹았대더라. 설사 잘된다 한들 우리가 많이 먹을 듯하나? 소작료가 올라가면 그뿐이야."

기억이가 성난 것처럼 말했다.

"얼마 전에 지주한테 가니까 이록이 칭찬을 하며 우리가 금비 안 쓴다는 말을 하던데."

"글쎄 말이야. 금비라는 게 못살게 하는 거거든. 그것을 어떤 놈이 만들었는지 모르지만 분명 돈 있는 놈들이 만들었을 게야. 빚 안 내고 농사를 지어도 굶을 지경인데 빚까지 내래니 살 수 있나?"

「모범 경작생」(박영준)

'금비'는 비료다. '길서'는 일제의 정책에 적극 협조하는 친일파 농민이다. 일제가 주는 특혜 속에 금비를 마음껏 뿌려 큰 수확을 얻는다. 반면에 금비를 살 돈이 없는 농민들은 그림의 떡일 뿐이다. 욕심을 내어 빚을 내서 금비를 뿌렸다가는 이자를 감당하지 못해 더 큰 빚을 진다.

이 소설의 배경이 되는 일제의 정책은 '산미증산계획'이다. 농지를 개간하고, 관계시설을 확대하며, 비료를 사용해 생산량을 늘리려고 했다. 산미증산계획으로 쌀 생산량은 꾸준히 늘었으나, 농민들의 사정은 도리어 더 나빠졌다. 농지를 개간하고, 수리시설을 이용하는 비용을 농민들이 부담했고, 수확량이 느는 만큼 지주가 더 많이 빼앗아 갔기 때문이다.

일제가 산미증산계획을 실시한 이유는 한국을 위해서가 아니라 일본 본토의 식량 문제와 전쟁에 소요되는 군량미 부족 문제를 해결하기 위해서였다. 그렇기 때문에 산미증산계획으로 늘어난 양보다 더 많은 쌀이 일본으로 빠져 나갔다. 결과적으로 직접 농사를 짓는 농민들조차 식량 부족으로 고통을 받았다.

인구의 80%가 농민이었는데 농민의 80%가 순 소작농이거나 자작겸 소작농이었다. 즉 한국 인구의 중 2/3가 소작농으로 극심한 빈곤과 수탈에 시달리며 살았다. 극소수의 지주와 일본인들이 조선 농토의 절반 이상을 차지했으며, 일제 식민통치가 지속될수록 토지가 지주와 일본인들에게 집중되었고, 농민들은 점점 더 열악한 처지로 빠져들었다.

벼는 누릇누릇해서 이삭들이 뭉친 것이 황금덩이 같았다. 그러나 얼굴의 주름살을 편 사람이라고는 하나도 없었다. 강충이가 먹어 예년에 비해서 절반도 곡식을 거둘 수 없었기 때문이었다. 길서만이 평양 가서 북어기름을 통으로 사다가 쳤기 때문에 그의 논만은 작년보다도 더 잘되었으나 다른 논들은 털 빠진 황소가죽같이 민숭민숭해졌다.

이 새끼만한 작은 벌레까지가 못살게 하는 것이 가슴 원통했으나 여름내 땀을 빼고도 제 입으로 돌아올 것이 없을 것을 생각하니 눈물이 솟아오를 지경이었다. 그들은 할 수 없으므로 성두 말대로 길서를 시켜 읍내 지주 서재당에게 가서 금년만 도지(땅을 빌린 대가로 내는 돈)를 조금 감해 달래보자고 했다. 그러나 길서는 자기와 관계가 없을 뿐 아니라 정해놓은 도지를 곡식이 안 되었다고 감해 달라는 것은 흔히 일어나는 소작쟁의와 같은 당치 않은 짓이라고 해서 거절했다. 그러고는 며칠 있다가는 일본 시찰단으로 뽑히어 떠나가 버렸다.

「모범 경작생」 (박영준)

주위 농민들은 수확량이 줄자 소작료를 줄여달라고 지주에게 요구하고 싶지만 불이익을 당할까 봐 꺼내지도 못한다. 그래서 일제를 충실히 따르는 모범 경작생인 길서에게 대신 말해달라고 부탁을 하는데, 길서는 그러한 요구는 '소작쟁의'와 같다며 단호히 거부한다. 모범 경작생인 길서는 지주와 일제의 뜻을 거스르는 행동은 아무리 작아도 하지 않으려 했다. 굴종과 순종이 길서의 생존 비결이었다.

가혹한 소작 조건으로 인해 농민들은 늘 괴로움을 당했고, 더 이상 견디기 어려운 상황에 몰리면 지주에 맞서 싸우는 소작쟁의를 벌였다. 수확량의 절반을 소작료로 빼앗기고, 토지세와 수리조합비 등 이러저러한 명목으로 뜯기다 보면 소작민의 손에는 수확량의 30% 남짓만 남았다. 수확량의 30%만으로 일 년을 버티기는 어려웠다.

지주 몫을 줄여달라고 요구하면 지주들은 대개 '소작권 박탈'로 대응했다. 자기 땅이 없는 농민들에게 소작권 박탈은 곧 생존권 박탈을 의미했다. 지주는 소작권 박탈을 무기로 높은 소작료를 요구했고, 농민들의 생존 요구를 억눌렀다. 『봄봄』에서 주인공의 장인인 마름이 마을 사람들에게 힘을 발휘하는 힘의 근원도 소작권 박탈이었다. 소작인들은 더 이상 견디지 못하고 지주에 맞서 들고 일어났는데, 이것이 소작쟁의다. 소작쟁의는 폭력투쟁으로 번지는 경우가 많았으며, 식민지 지배 체제를 거부하는 독립운동으로 발전하기도 했다.

길서는 주변 농민들의 요구를 무시하고 일본의 발전된 농업을 구경하러 가는 '시찰단'으로 선발되어 일본으로 가 버린다. 시찰단은 '농촌진흥운동'의 일환으로 추진되었던 정책으로 보인다. 농촌진흥운동은 1930년대 초반부터 일제가 추진한 농업 정책으로, 겉으로는 농민들을 돕기 위한 듯 내세웠으나 실제로는 농민들의 저항을 억누르고, 농민들을 일본에 충성하는 황국신민으로 바꾸려는 목적이었다.

1929년 미국에서 시작된 세계대공황은 일본 경제에도 먹구름을 드리웠다. 미국은 국내시장을 키우는 '뉴딜정책'으로 대공황에 대응했고, 영국과 프랑스는 자신들이 지배하는 식민지를 활용해 대공황에 대응했다. 식민지가 별로 없고 국내시장이 부족하며, 자원도 국외에 의존하는 일본은 대공황을 극복할 뾰족한 수가 없었다. 일제가 위기를 극복하는 방법은 조선을 더욱 가혹하게 수탈하고, 더 많은 식민지를 지배하기 위해 침략전쟁을 벌이는 것뿐이었다.

세계대공황은 일본뿐 아니라 식민지 한국에도 큰 위협이었다. 가혹한 소작 조건에 경제공황까지 겹치자 소작인들을 중심으로 한 농민들의 저항은 거세졌다. 저항이 없다 하더라도 그대로 두면 농촌 경제 자체가 완전히 무너질 위기였다. 점점 심해지는 위기를 해소하고 농민들의 저항을 억누르기 위해 일제는 농촌진흥운동과 같은 정책으로, 농민들의 의식을 식민지 지배에 맞게 개조하여 모범 경작생인 길서처럼 만들려고 했던 것이다.

 이것이 군산(群山)이라는 항구요, 이야기는 예서부터 실마리가 풀린다.

······(중략)······

정주사(丁主事)도 갈 데 없이 그런 사람이다. 정주사는 시방 미두장(米豆場) 앞 큰길 한복판에서, 다 같은 '하바꾼(절치기꾼)'이로되 나이 배젊은 애송이한테, 멱살을 당시랗게 따잡혀 가지고는 죽을 봉욕을 당하는 참이다. ······(중략)······

미두장은 군산의 심장이요, 전주통(全州通)이니 본정통(本町通)이니 해안통(海岸通)이니 하는 폭넓은 길들은 대동맥이다. 이 대동맥 군데군데는 심장 가까이, 여러 은행들이 서로 호응하듯 옹위하고 있고 심장 바로 전후 좌우에는 중매점(仲買店)

들이 전화줄로 거미줄을 쳐놓고 앉아 있다. 정주사는 자리하고도 이런 자리에서 봉변을 당하는 참이다.

······(중략)······

정주사는 두루두루 생각했으나 별수가 없고, 그때는 벌써 은행에 저당 들어간 집을 팔아 은행 빚을 추린 후에, 나머지 한 삼백 원이나를 손에 쥐었다. 이때부터 정주사는 미두를 하기 시작했다. 미두를 시작하고 보니, 바로 맞는 때도 있고 빗맞는 때도 있으나, 바로 맞아 이문을 보는 돈은 먹고 사느라고 없어지고 빗맞을 때에는 살 돈이 떨어져 나가곤 하기 때문에 차차로 밑천이 졸아들었다.

······(중략)······

그러나 많고 적고 간에 그것도 노름인데, 그러니 하는 족족 먹으란 법은 없다. 가령 부인 유씨의 바느질삯 들어온 것을 한 일 원이고 옭아내든지, 미두장에서 어릿어릿하다가 안면 있는 친구한테 개평으로 일이 원이고 떼든지 하면, 좀이 쑤셔서도 하바를 하기는 하는데, 그놈이 운수가 좋아도 세 번에 한 번쯤은 빗맞아서 액색한 그 밑천을 홀랑 불어먹고라야 만다. 노름이라는 것은 잃는 것이 밑천이요, 그러므로 잃을 줄 알면서도 하는 것이 미두꾼의 담보란다. 하바를 할 밑천이 없으면 혹은 개평이라도 뜯어 밑천을 할까 하고, 미두장엘 간다. 그렇지 않더라도 먹고 싶은 담배나 아편의 인에 몰리듯이 미두장에를 가보기라도 않고서는 궁금해 못 배긴다.

「탁류」(채만식)

전라북도에 위치한 호남평야는 한반도 최대의 곡창지대다. 일제는 호남평야에서 생산된 쌀을 군산을 통해 일본으로 실어나갔다. 소설 『탁류』는 일제가 군산에 설치한 미두장을 배경으로 한다. 미두장(米豆場)은

쌀(米)과 콩(豆)을 거래하는 곳으로, 오늘날 주식시장과 비슷했다. 주식시장에서 주식을 거래한다면 미두장은 곡물을 거래했다. 일제는 한국의 곡물 거래를 장악하기 위해 시장에서 곡물이 자유롭게 거래되는 걸 막고 미두장을 통해서만 거래되게 하였다. 곡물 거래를 할 때 가격이 결정되는데, 미두장은 이 가격 결정 과정에서 시세 차익을 놓고 도박과도 같은 투기판이 벌어졌다. 싸게 사서 비싸게 팔면 남고, 비싸게 사서 싸게 팔면 손해였다. 앞으로 가격이 어떻게 될지 정확히 예상해야 이익이 남았다. 미두장 중에서 가장 유명한 곳이 인천과 군산이었다.

『탁류』에 나오는 정주사는 '하바꾼'이다. 미두 거래를 하다 재산을 날린 사람들은 하바꾼이 되었는데, 하바꾼은 미두장에 정식으로 들어가지는 못하고 미두장의 가격을 미리 맞추는 내기를 하며 생활하는 사람들이었다. 정주사는 모든 것을 잃고 돈도 없이 내기에 뛰어들었다가 곤혹을 치르고, 나중에는 딸의 인생도 망친다. 『탁류』는 오염된 강물을 뜻한다. 맑게 흐르던 금강이 군산에 이르러 탁한 물이 되었다는 표현은 군산의 미두장을 둘러싸고 벌어지는 사람들의 타락을 상징한다.

대량으로 쌀을 일본으로 빼앗아 가던 일제는 1937년 중일전쟁을 계기로 군량미를 확보하기 위해 '미곡공출제도'를 시행한다. 미곡공출제도로 인해 한국인이 먹을 식량이 부족해지자, 식량 소비량을 통제하기 위해 식량 배급제를 실시하고 부족한 식량은 만주에서 수입한 잡곡으로 보충했다.

나는 온몸에 햇살을 받고,

푸른 하늘 푸른 들이 맞붙은 곳으로,

가르마 같은 논길을 따라 꿈속을 가듯 걸어만 간다.

······(중략)······

나는 온 몸에 풋내를 띠고,

푸른 웃음, 푸른 설움이 어우러진 사이로,

다리를 절며 하루를 걷는다 아마도 봄 신명이 지폈나 보다.

그러나 지금은 – 들을 빼앗겨 봄조차 빼앗기겠네.

「빼앗긴 들에도 봄은 오는가」 (이상화)

　　나라를 빼앗긴 농민은 자기 땅도 빼앗겼다. 빼앗긴 땅에 봄은 와도 봄이 아니었다. 봄의 아름다움을, 가을의 풍족함을 온전히 누릴 처지가 아니었다. 그래서 이상화는 가슴을 치며 묻는다.

　　'빼앗긴 들에도 봄은 오는가?'

　　이상화는 보드라운 봄이 찾아온 들판과 대비되는 처참한 조국의 현실에 괴로워하며 탄식한다.

　　'지금은, 들을 빼앗겨 봄조차 빼앗기겠네.'

2

노예였던 시절, 구더기가 끓는 무덤

『운수 좋은 날·화수분·만세전·마사코의 질문·수난이대·독(毒)을 차고』

'조선 자연은 왜 이다지 슬퍼 보일까?'

『패강랭』(이태준)에 등장하는 인물인 소설가 '현'은 대동강변의 아름다운 자연을 보며 감탄보다 슬픔을 느낀다. 식민지시대는 아름다운 자연마저 슬프게 보이는 시절이었다. 우리는 수탈, 가혹, 억압, 고문, 굶주림, 노예 등의 단어를 너무 쉽게 쓴다. 그 단어 뒤에 똬리를 튼 슬픔과 고통이 얼마나 끔찍한지 제대로 느끼지 못한다. 식민지시대 한국인은 일본인의 노예였다. 노예는 굶어 죽지 않기 위해 똥도 먹어야 했다. 살아남기 위해 마지막 자존심마저 내팽개쳐야 했다. 노예는 인간이 아니다. 노예는 똥개만도 못한 짐승이다.

의사에게 보인 적이 없으니 무슨 병인지는 알 수 없으나 반듯이 누워 가지고 일어나기는커녕 새로 모로도 못 눕는 걸 보면 중증은 중증인 듯. 병이 이토록 심해지기는 열흘 전에 조밥을 먹고 체한 때문이다. 그때도 김 첨지가 오래간만에 돈을 얻어서 좁쌀 한 되와 십 전짜리 나무 한 단을 사다 주었더니, 김 첨지의 말에 의하면 그 오라질 년이 천방지축으로 냄비에 대고 끓였다. 마음은 급하고 불길은 달지 않아 채 익지도 않은 것을 그 오라질 년이 숟가락은 고만두고 손으로 움켜서 두 뺨에 주먹덩이 같은 혹이 불거지도록 누가 빼앗을 듯이 처박질하더니만 그날 저녁부터 가슴이 당긴다. 배가 켕긴다 하고 눈을 홉뜨고 지랄병을 하였다. 그때 김 첨지는 열화와 같이 성을 내며,

"에이, 오라질 년, 조랑복(짧게 타고난 복)은 할 수가 없어. 못 먹어 병, 먹어서 병! 어쩌란 말이야! 왜 눈을 바루 뜨지 못해!"

하고 앓는 이의 뺨을 한 번 후려갈겼다. 홉뜬 눈은 조금 바루어졌건만 이슬이 맺히었다. 김 첨지의 눈시울도 뜨끈뜨끈하였다. 이 환자가 그러고도 먹는 데는 물리지 않았다. 사흘 전부터 설렁탕 국물이 마시고 싶다고 남편을 졸랐다.

"이런 오라질 년! 조밥도 못 먹는 년이 설렁탕은, 또 처먹고 지랄병을 하게." 하고 야단을 쳐보았건만, 못 사주는 마음이 시원치는 않았다.

……(중략)……

발길에 체이는 건 사람이 아니고 나무 등걸과 같은 느낌이 있었다. 이때에 빽빽 소리가 응아 소리로 변하였다. 개똥이가 물었던 젖을 빼어 놓고 운다. 운대도 온 얼굴을 찡그려 붙여서 운다는 표정을 할 뿐이다. 응아 소리도 입에서 나는 게 아니고 마치 뱃속에서 나는 듯하였다. 울다가 울다가 목도 잠겼고 또 울 기운조차 사진(기운이 쏙 빠져 없어짐)한 것 같다.

「운수 좋은 날」 (현진건)

김 첨지 아내는 늘 굶는 처지인데 어쩌다 음식이 생기자 급하게 먹다가 체해서 병이 든다. 못 먹어서 병들고, 먹어서 병든다. 아내가 먹고 싶다는 설렁탕 한 그릇을 사주지 못할 형편이다. 가지 말라는 아내를 놔두고 인력거 일을 나간 김 첨지는 모처럼 일이 잘 풀려 돈을 번다. 아내가 먹고 싶다던 설렁탕도 사들고 온다. 그러나 집에서 김 첨지를 맞이해야 할 아내는 나무 등걸처럼 굳은 시체가 되었다.

사늘히 식은 방, 사늘히 식은 아내의 몸, 빨아도 나오지 않는 젖, 이것이 바로 식민지를 사는 일반 백성들이 처한 현실이었다. 젖을 빨다 빨다 지치고, 울다 울다 지쳐 소리도 내지 못하는 젖먹이, 살기 위해 죽은 엄마의 젖을 빨며 울부짖는 아이, 그 울음마저 시원스레 내뱉지 못하는 아이, 이게 식민지의 현실이다. 식민지가 달리 식민지가 아니다.

아범은 금년 구월에 그 아내와 어린 계집애를 데리고 우리 집 행랑방에 들었다. 나이는 한 서른 살쯤 먹어 보이고 머리에 상투가 그냥 달라붙어 있고 키가 늘씬하고 얼굴은 누르퉁퉁하고 눈은 좀 큰데 사람이 퍽 순하고 착해 보였다.

……(중략)……

그들에게는 지금 입고 있는 단벌 홑옷과 조그만 냄비 하나밖에 아무것도 없다. 세간도 없고 물론 입을 옷도 없고 덮을 이부자리도 없고 밤 담아 먹을 그릇도 없고 밥 먹을 숟가락 한 개가 없다. 있는 것이라고는 보기 싫게 생긴 딸 둘과 작은애를 업은 홑 누더기와 띠, 아범이 벌이하는 지게가 하나, 이것뿐이다. 밥은 우선 주인집에서 내어간 사발과 숟가락으로 먹고 물은 역시 주인집 어린애가 먹고 비운 가루 우유 통을 갖다가 떠먹는다.

……(중략)……

여북하면(언짢거나 안타까운 마음이면) 제 자식을 꿈에도 보지 못하던 사람에게 주겠어요. 할 수가 없어서 그렇지요. 집에 두고 굶기는 것보다 나을까 해서 그랬지요.

······(중략)······

화수분은 양평에서 오전이 거의 되어 떠나서 해져 갈 즈음에서 백 리를 거의 와서 어떤 높은 고개에 올라섰다. 칼날 같은 바람이 뺨을 친다. 그는 고개를 숙여 앞을 내려다보다가 소나무 밑에 희끄무레한 사람의 모양을 보았다. 그것에 곧 달려가 보았다. 가 본즉 그것은 옥분과 그의 어머니다. 나무 밑 눈 위에 나뭇가지를 깔고, 어린것 업은 홑누더기를 쓰고 한끝으로 어린것을 꼭 안아 가지고 웅크리고 떨고 있다. 화수분은 왁 달려들어 안았다. 어멈은 눈은 떴으나 말은 못한다. 화수분도 말을 못한다. 어린것을 가운데 두고 그냥 꺼안고 밤을 지낸 모양이다. 이튿날 아침에 나무장사가 지나다가 그 고개에 젊은 남녀의 꺼안은 시체와 그 가운데 아직 막 자다 깨인 어린애가 등에 따뜻한 햇볕을 받고 앉아서 시체를 툭툭 치고 있는 것을 발견하여 어린것만 소에 싣고 갔다.

「화수분」 (전영택)

입고 있는 단벌 홑옷이 지닌 옷의 전부고, 이불도 없고, 밥 담아 먹을 그릇도 없고, 숟가락도 없는 삶은 단지 소설 속 설정이 아니다. 필자의 아버지와 할머니가 처음 세상에 내던져졌던 상황이 바로 저러했다. 아침에 일어나면 당장 먹을 것을 걱정해야 했고, 내일도 여전히 이 세상에 살아 있을지 장담하지 못했던 시절이었다.

화수분은 굶주린 딸이 불쌍해서 결국 다른 사람에게 딸을 보낸다. 딸은 배부르게 먹는다는 말 한마디에 뒤도 돌아보지 않고 가 버린다. 필자의 할아버지도 먹고 살기 힘들어서 남의 집 종살이를 했다. 자기 땅도 없고 먹고 살 일이 막막했기에 어쩔 수 없이 남의 집에 자기 몸을 맡겼고, 머슴이 되어 온갖 괴로움을 다 당하며 일을 했다. 그 구박을 견디지 못하고 아내와 아이까지 남기고 집을 떠나버렸다. 식민지시대는 오직 굶어 죽지 않기 위해 사람을 사고팔고, 사람을 짐승보다 못하게 대했던 지옥이었다.

화수분은 옛이야기에 나오는 보물단지로, 재물을 계속 써도 끊이지 않고 나온다는 전설이 담긴 단지다. 배고프고 가난해서 마침내 얼어 죽는 젊은 사내의 이름이 화수분이니 참으로 모순이다. 화수분이라는 이름에는 한국 백성들의 꿈이 담겼다. 식민지시대 한국 백성들은 그저 목숨을 위협받지 않고 먹을 것 걱정하지 않고 살기를 꿈꿨다. 하기야 어느 시대에나 힘없는 백성들의 꿈은 이처럼 소박했다.

"……나도 이번에 해 오면 세 번째나 되오마는, 내지의 각 회사와 연락해가지고, 요보(조선인)들을 붙들어 오는 것인데……"

나는 여기까지 듣고 깜짝 놀랐다. 그 가련한 조선 노동자들이 속아서, 지상의 지옥 같은 일본 각지의 공장으로 몸이 팔려가는 것이, 모두 이런 도적놈 같은 협잡 부랑배의 술중에 빠져서 그러는구나 하는 생각을 할 제, 나는 다시 한 번 그자의 상판때기를 쳐다보지 않을 수 없었다.

……(중략)……

"그래 조선 농군들이 가서, 그런 공사 일을 잘들 하나요?"

"잘하구 못하는 것은 내가 상관할 것 무엇 있소마는, 하여간 요보는 말을 잘 듣고 힘 드는 일을 잘 하는데다가, 임은(品삯)이 헐하니까 안성맞춤이지. ……(중략)…… 그야 처음 데려갈 때에는 품삯도 많고, 일은 드러누워서 떡 먹기라고 푹삶아야 하긴 하지만, 그래도 갈 노자(여행 경비)며, 처자까지 데리고 가게 하고, 게다가 빚까지 갚아주는 데야 제아무리 놈이기로 안 따라나설 놈이 있겠소. 한번 따라나시기만 하면야. 전차(앞당겨서 돈을 받음)가 있는데 그야말로 독 안에 든 쥐지. 일이 고되거나 품이 헐하긴 고사하고 굶어 뒈진다기루 하는 수 있나. 하하하."

『**만세전**』 (염상섭)

『만세전』에서 주인공 이인화는 일본 유학생으로, 식민지 한국의 현실에는 별 관심도 없고 알지도 못했다. 그러다 일본에서 한국으로 돌아오는 길에 처참한 조국의 현실을 마주한다. 위에 소개한 상황도 이인화가 마주한 비참한 현실의 하나다.

기업이 돈을 많이 벌려면 임금은 적게 받으면서도 강도 높은 노동에 순종하는 노동자가 많이 필요하다. 일본 기업에게 한국인 노동자는 딱 적격이었다. 대다수 한국인은 당시 농민이었다. 농촌은 살기 힘들었고 온갖 수탈과 무거운 빚에 시달렸다. 『만세전』에 나온 일본인은 어려움에 처한 한국의 농민들에게 '일본으로 가면 공장에 취직해서 빚도 지지 않고 편안하게 산다'고 유혹한다. 가족과 함께 일본으로 이주하게 해주고, 여행 경비도 주고, 빚도 미리 당겨서 갚아주니 이보다 더한 조건이 없어 보인다. 그러나 일본으로 끌려가면 그 순간부터 지옥이 펼쳐진다. 일이 아무리 힘들어도 도망치지도 못하고 꼼짝없이 노예처럼 일본 공장에서 일하게 된다. 수많은 한국인들이 이런 간악한 속임수에 넘어가 일본의 공장으로 끌려갔다.

아침 조례시간의 첫마디는 으레 일본과 조선은 하나이고, 천황폐하는 우리들의 어버이시니 충성을 다해야 한다는 것이었습니다. 천황이란 말을 할 때의 선생님은 불에 덴 것처럼 깜짝 놀라서 차렷 자세를 했습니다. 그러고선 일본 쪽을 향해 구십 도로 허리를 꺾었습니다.

……(중략)……

알따란 나무패에는 일본말로 '위반'이라고 써 있었습니다. 준식이는 얼른 주먹을 쥐어 글자를 가렸습니다. 붓으로 쓴 까만 글자가 무슨 괴물처럼 눈앞에서 어른거렸습니다. 곧이어 깐깐한 목소리로 아이들의 마음을 옭아맸습니다.

"반장은 잘 듣거라. 너는 그 패를 가지고 있다가 노는 시간에 조선말을 쓰는 자가 있거든 그걸 주어라. 그걸 받은 자는 조선말을 하는 동무가 눈에 띄는 즉시 다시 넘겨주어라. 선생님은 종례 시간에 누가 저 패를 가지고 있나 보겠다. 맨 마지막으로 가지고 있는 자는 무조건 손바닥 열 대씩이다. 자, 서로서로 잘 살피도록. 알았나?"

『마사코의 질문』(손연자)**에서 '꽃잎으로 쓴 글자'**

'언어'는 그 민족의 영혼이다. 인간에게 영혼이 사라지면 살아도 산 게 아니듯, 언어가 사라진 민족은 정체성이 사라진다. 일제는 식민통치 말기에 한민족을 없애버리기 위해 '우리말'을 말살하는 등 '민족말살정책'을 폈다. 말(언어)이 사라진 민족은 민족의 얼이 사라지고, 얼이 사라지면 저항할 마음조차 먹지 않기 때문이다. '꽃잎으로 쓴 글자'에는 우리말을 없애기 위해 일제가 학교에서 어떤 식으로 했는지 잘 보여준다.

한국어를 쓰면 '위반'이라는 패가 손에 들린다. 위반이란 패를 든 아이는 다른 아이들이 혹시나 한국어를 쓰나 감시한다. 위반이란 패를 들지 않은 다른 아이들은 혹시라도 실수로 한국어가 튀어나올까 조심한다. 마지막에 걸린 아이는 매를 맞고, 다른 아이들은 안도의 한숨을 내쉬며 더욱 한국어를 안 쓰기 위해 조심한다. 이런 과정을 학교생활 내내 겪는다면 일본인 교사가 감시하지 않아도 알아서 일본어만 쓰는 습관이 생긴다. 자연스럽게 일본말이 '국어'가 되고 한국어는 사라진다. 한국어가 사라지면 한국인이라는 의식도 점차 약해진다.

한국인들의 이름을 모조리 일본식 이름으로 바꾸게 한 '창씨개명', '황국신민서사'와 '신사참배' 강요도 한국인의 얼을 빼앗아 무조건 복종하게 만들기 위해서였다. 일제는 한민족을 얼빠진 민족으로 만들어 영원히 노예로 부려먹으려 했다.

"관동 지방이 지진으로 불바다가 된 틈을 타 불만을 품은 조센징들이 폭동을 일으키니 시민들은 엄중히 경계하라."

유카타에다 조오리를 한 쪽만 신은 사람이 경찰서장 이름으로 된 포고령을 더듬더듬 읽고 있었다. 사람들이 겁먹은 소리로 웅성거렸다. 키 작은 남자가 외쳤다.

"오늘 계엄령이 선포됐어요. 오전 3시에 발표된 후나바시 해군 무선국에 의하면 조센징들이 각지에서 방화 약탈을 하고 있대요. 그러니 엄중 수배하랍니다."

"뭐라고요? 조센징들이 폭동을요?"

"방화에 약탈까지요?"

"4년 전에도 경성(서울)에서 3·1만세 사건을 일으키더니……."

사람들은 놀라 입을 다물지 못했다.

"난 조센징의 뺨을 때린 일이 있어."

"난 돈 한 푼 안 주고 부려먹었어."

발이 저린 사람들이 지레 겁을 먹고 떨기 시작했다. 혼란을 틈타 복수를 할지도 모른다는 생각들이 마음에서 마음으로, 입에서 입으로 빠르게 퍼져 갔다.

"큰일 났다. 조센징들이 우물에다 독을 뿌렸다."

"탄광에 조센징들이 다이너마이트를 훔쳐서 집단으로 공격해 온다."

"벌써 군대랑 싸움이 시작됐다!"

근거를 알 수 없는 소문들이 쏟아졌다.

"여러분, 우리도 당할 수만은 없어요. 스스로 우리를 지키도록 자경단을 조직합시다."

······(중략)······

길 건너 쪽에서 몸이 묶인 조선 사람이 끌려오고 있었다.

"죽여!"

"죽여 버려!"

사람들이 와! 몰려갔다.

『마사코의 질문』(손연자)에서 '꽃을 먹는 아이들'

1923년 9월 1일, 일본 관동지방에서 대지진이 일어났다. 수십만 명이 죽거나 실종되었다. 일본은 큰 혼란에 빠졌고 제대로 위기에 대처하지 못한 일본 정부는 강한 비판에 직면했다. 수십만 명이 죽거나 실종된 대지진이었기에 일본 전체가 흔들렸고, 일본 정부는 위기를 맞았다. 이에 일본 정부는 시민들의 비판이 정부를 향하지 못하도록 '조센징이 폭동을 일으키고 우물에 독을 푸는 등 잔인한 짓을 벌인다'는 거짓 소문을 퍼뜨렸다. 사회 질서가 무너지고 불안이 커져가던 상황에서 헛소문은 즉

각 위력을 발휘했다.

불안에 떨고 불만이 가득했던 일본인들은 일본 정부가 아니라 일본 내 한국인들을 향해 분노를 쏟아냈다. 수천 명의 한국인들이 단지 한국인이란 이유만으로 죽임을 당했다. 일본 정부는 잘못된 헛소문을 사실인 양 꾸미면서 무능한 권력을 향한 비판을 잠재웠다.

일본 정부는 일본인들의 분노가 한국인들을 향하게 하는 한편, 사회 혼란을 막는다면서 강력한 사상 단속을 목적으로 한 '치안유지법'을 만든다. 대지진을 계기로 사회주의자들이 정부를 무너뜨리려 한다는 소문을 퍼뜨린 뒤 이를 빌미로 사회주의 운동을 탄압하기 위해서였다. 치안유지법은 이후 일본이 식민지로 지배하던 한국, 타이완, 사할린 등에서도 시행되었다. 특히 한국에서 치안유지법은 단순히 사회주의 운동을 탄압하는 도구가 아니라 일체의 독립운동을 탄압하는 도구로 활용되었다.

치안유지법이 만들어진 뒤 '고등경찰'과 '사상검사'가 활동하면서 그 이전보다 더욱더 가혹하게 독립운동을 탄압했다. 수많은 독립운동가들이 고등경찰의 손에 붙들려 끔찍한 고문을 당했다. 치안유지법은 시위나 공격과 같은 행위가 없이 단지 독립운동 조직을 만든 것만으로도 처벌이 가능하고, 최고 사형까지 처하는 법이었기에 일제는 독립운동을 억누르기 위해 이 법을 마음껏 휘둘렀다.

홍구 오라버니였습니다. 서울에 있는 세브란스 의과 전문학교에서 의사 공부를 하던 오라버니는 아버지 어머니의 희망이자 중리 마을의 자랑이었습니다.

"쓸어 버려. 모조리 싹싹 쓸어 버려."

바보 같이 웃고 있던 큰 오라버니가 갑자기 무서운 얼굴로 싸리비질을 하기 시작했습니다. 읍내 일본 형사들한테 붙잡혀 갔다 온 뒤부터는 줄곧 그랬습니다. 방학에 내려 와서 야학을 한 게 탈이었습니다. 아버지는 데라우치 선생님이 읍내 지서에다 없는 말을 일러바친 걸로 알고 이를 갈았습니다. 읍내 지서는 독립운동을 하는 조선 사람들을 잡아다가 족치는 걸로 유명했습니다.

······(중략)······

보름쯤 뒤에 돌아온 오라버니의 코에서는 며칠이고 두서너 개씩의 고춧가루가 나왔습니다. 형사들은 오라버니의 손을 뒤로 묶고 팔과 등 사이에다 목총을 가로질러 꿰어서는 대들보에다 매달았다고 합니다. 그러곤 십자가처럼 매달린 오라버니를 밧줄이 배배 꼬아지도록 돌려 댔답니다. 그러다가 손을 떼면 밧줄은 팽글팽글 돌고 밧줄에 묶인 오라버니는 팔이 비틀려져 비명을 지르고 정신을 잃었답니다.

「마사코의 질문」 (손연자) **에서 '긴 하루'**

'긴 하루'에서 홍구 오빠는 의사를 꿈꾸는 의대생이었다. 방학 때 고향에 돌아와 글자를 모르는 아이들과 어른들을 위해 야학을 했다. 일본인 교사였던 데라우치는 홍구를 고등경찰에 고발했다. 없는 이야기까지 지어내어 홍구가 독립운동을 했다고 말했기에 홍구는 꼼짝없이 붙들려 가 고문을 당했다. 인간이 차마 견디기 힘든 고문을 당한 홍구는 정신이 돌아버렸다. 전도유망한 의대생이던 홍구의 인생은 일제 경찰의 가혹한 고문으로 완전히 망가졌다. 죄 없는 홍구를 고문해도 괜찮다고 보장한 법이 바로 '치안유지법'이었다.

징병이다 징용이다 하면서 밭에서 일하다가도 끌려가는 세상입니다. 공출도 뻔질나서 기름진 쌀은 다 일본으로 실어 가고 대신 주는 배급쌀엔 싸라기가 늘었습니다. 그러더니 그것마저 비행기 기름용으로 짜고 남은 콩깻묵을 끼워 주며 양을 줄였습니다. 우물집 두섭이네도 견디다 못 해 개다리소반 등짐에다 깨진 바가지 주렁주렁 매달고 만주로 떠났습니다. 이젠 총알을 만든다고 놋그릇 놋대야에 돌쟁이 숟가락까지 훑어갑니다.

「마사코의 질문」 (손연자)에서 **'방구 아저씨'**

1929년에 발생한 세계대공황에 따른 위기를 극복하기 위해 1931년 만주사변을 일으켜 만주를 점령한 일제는, 1937년에 중일전쟁을 일으키고 1941년엔 태평양전쟁까지 전쟁을 확대한다. 전쟁을 통해 위기를 극복하려 한 것인데, 자원이 부족하고 인구가 많지 않은 일제가 거대한 전쟁을 벌이다 보니 사람과 자원 부족으로 인해 전쟁 수행에 어려움을 겪었다.

일제는 부족한 인원과 물자를 확보하기 위해 한국에서 사람과 물자를 가혹하게 수탈했다. 징병과 징용을 통해 부족한 군대와 노동력을 확보했다. 군량미를 확보하기 위해 '공출제도'를 시행해 쌀을 비롯한 곡물을 대량으로 전쟁터로 보냈다. 나중에는 무기를 만들 금속이 부족해지자 각 가정의 쇠붙이를 몽땅 빼앗아 가기도 했다.

일제는 자신들이 식민지 한국의 발전을 도왔다고 말하면서 철도나 항구, 도로와 같은 수많은 시설을 지어주었다고 주장한다. 그런데 이렇게 지은 시설로 무엇을 했는지는 말하지 않는다. 그들이 만든 철도나 항구, 도로는 한국에서 생산되는 물자를 최대한 많이 수탈하는데 활용되었다. 한 끼 밥도 제대로 못 먹게 쌀을 공출하고, 숟가락 하나까지도 빼앗아간

일제가 도대체 한국의 경제 발전에 그 어떤 도움을 주었단 말인가?

북해도 탄광으로 갈 것이라는 사람도 있었고, 틀림없이 남양 군도로 간다는 사람도 있었다. 더러는 만주로 가면 좋겠다고 하기도 했다. 만도는 북해도가 아니면 남양 군도일 것이고, 거기도 아니면 만주겠지. 설마 저희들이 하늘 밖으로야 끌고 가겠느냐고 아무렇지도 않은 듯이 그 들창코로 담배 연기를 푹푹 내뿜고 있었다. 그러나 마음이 좀 덜 좋은 것은 마누라가 저쪽 변소 모퉁이 벚나무 밑에 우두커니 서서 한눈도 안 팔고 이쪽만을 바라보고 있기 때문이었다. 그래서 그는 주머니 속에 성냥을 두고도 옆 사람에게 불을 빌리자고 하며 슬며시 돌아서 버리곤 했다.

······(중략)······

섬에다가 비행장을 닦는 것이었다. 모기에게 물려 혹이 된 자리를 벅벅 긁으며, 비 오듯 쏟아지는 땀을 무릅쓰고, 아침부터 해가 떨어질 때까지 산을 허물어 내고, 흙을 나르고 하기란, 고향에서 농사일에 뼈가 굳어진 몸에도 이만저만한 고역이 아니었다. 물도 입에 맞지 않았고, 음식도 이내 변하곤 해서 도저히 견디어 낼 것 같지가 않았다. 게다가 병까지 돌았다. 일을 하다가도 벌떡 자빠지기가 예사였다. 그러나 만도는 아침저녁으로 약간씩 설사를 했을 뿐 넘어지지는 않았다. 물도 차츰 입에 맞아 갔고, 고된 일도 날이 감에 따라 몸에 배어드는 것이었다. 밤에 날개를 치며 몰려드는 모기떼만 아니면 그냥저냥 배겨 내겠는데, 정말 그놈의 모기들만은 질색이었다.

사람의 일이란 무서운 것이었다. 그처럼 험난하던 산과 산 틈바구니에 비행장을 닦아 내고야 말았던 것이다. 허나 일은 그것으로 끝나는 것이 아니고, 오히려 더 박찬 일이 닥치는 것이었다. 연합군의 비행기가 날아들면서부터 일은 밤중까지 계속되었다. 산허리에 굴을 파 들어가는 것이었다. 비행기를 집어넣을 굴이었다. 그리고 모든 시설을 다 굴속으로 옮겨야 하는 것이었다.

······(중략)······

미처 정신을 차리기도 전에 또 한 대가 뒤따라 날아드는 것이 아닌가. 만도는 그만 넋을 잃고 굴 안으로 도로 달려 들어갔다. 달려 들어가서 굴 바닥에 아무렇게나 팍 엎드려져 버리고 말았다. 그 순간이었다. 쾅! 굴 안이 미어지는 듯하면서 다이너마이트가 터졌다. 만도의 두 눈에서 불이 번쩍했다. 만도가 어렴풋이 눈을 떠 보니, 바로 거기 눈앞에 누구의 것인지 모를 팔뚝이 하나 아무렇게나 던져져 있었다.

「수난이대」(하근찬)

『수난이대』의 이 장면은 징용에 끌려간 한국인들이 어떤 가혹한 일을 당했는지 잘 보여준다. 징용당한 사람들은 탄광으로, 군대의 비행장 건설 현장으로 끌려가 열악한 환경에서 죽을 때까지 일을 했다. 내가 만약 저렇게 징용에 끌려가 죽을 때까지 일을 한다면 어떨까? 일하다 폭탄이 터져 팔을 잃는 일을 겪는다면 어떨까? 떠올리기도 끔찍하겠지만 그것이 바로 우리 조상들이 겪었던 현실이었다.

정거장 문밖으로 나서서 눈을 바삭바삭 밟으며 큰길 거리로 나가니까 칠 년 전 일본으로 달아날 제, 오정 때 대전에 내려서 점심을 사 먹던 그 집이 어디인지 방면(방향)도 알 수 없이 시가(도시의 거리)가 변하였다. 길 맞은편으로 쭉 늘어선 것은 빈지를 들였으나 모두가 신축한 일본 사람 상점이다. 우동을 파는 구루마(달구지)가 쩔렁쩔렁 흔드는 요령 소리만이 괴괴한 거리에 처량하다. 열네다섯

쯤에 말도 모르고 단신 일본으로 공부 간다는 데에 호기심이 있었던지 친절히 대접을 해 주던 그때의 그 주막집 주인 내외가 그립다.

다시 돌쳐 들어오며 보니, 찻간에서 무슨 대수색을 하는지 승객들은 아직도 아니 들여보내고 결박을 지은 여자는 업은 아이가 깨어서 보채니까 일어서서 서성거린다.

'젖이나 먹이라고 좀 풀어 줄 일이지'

하는 생각을 하니 곁에 시퍼렇게 얼어서 순사가 불쌍하다가도 밉살맞다. 목책 안으로 들어오며 건너다보니까 차장실 속에 있던 두 청년과 헌병도 여전히 이야기를 하고 섰다. 나는 까닭 없이 처량한 생각이 가슴에 복받쳐 오르면서 한편으로는 무시무시한 공기에 몸이 떨린다. 젊은 사람들의 얼굴까지 시든 배춧잎 같고 주눅이 들어서 멀거니 앉았거나, 그렇지 않으면 빌붙는 듯한 천한 웃음이나 '헤에' 하고 싱겁게 웃는 그 표정을 보면 가엾기도 하고 분이 치밀어 올라와서 소리라도 버럭 지르면 시원할 것 같다.

'이게 산다는 꼴인가? 모두 뒈져 버려라!'

찻간 안으로 들어오며 나는 혼자 속으로 외쳤다.

'무덤이다! 구더기 끓는 무덤이다!'

『만세전』(염상섭)

새로운 건물이 들어섰으나 모두 일본인들 소유다. 한국인 차지였던 건물이 일본인 차지가 되니 정답게 대해주던 한국인들은 사라지고 없다. 찻간에서는 일본 경찰이 수색을 하는데 당하는 한국인들은 굴종에 길들여져 주눅이 들고 어떻게든 밉보이지 않으려고 헤픈 웃음을 날린다. 사람 사는 꼴이 아니다.

그럴 수밖에 없다. 밉보이면 죽거나 고문을 당하거나 어디론가 끌려가 죽도록 고생하기 때문이다. 살려면 눈치를 보아야 한다. 살기 위해 비굴해져야 한다. 주인 눈치를 보며 비굴함을 뼛속깊이 새기며 사는 사람을 우리는 노예라 한다. 식민지 백성은 극소수 친일파를 제외하고는 전부 노예였다.

참혹한 현실에 주인공은 울부짖는다. 식민지 한국은 '구더기가 끓는 무덤'이라고!

 아! 내 세상에 태어났음을 원망 않고 보낸

어느 하루가 있었던가, '허무한듸' 허나

앞뒤로 덤비는 이리 승냥이 바야흐로 내 마음을 노리매

내 산 채 짐승의 밥이 되어 찢기우고 할퀴우라 내맡긴 신세임을

「독(毒)을 차고」(김영랑)

일제가 바로 '이리 승냥이'다. 나를 산 채로 먹는 '짐승'이 일제다. 산 채로 짐승의 밥이 되는 신세, 산 채로 찢겨지고 할퀴는 신세, 식민지 백성은 이리 승냥이에게 산 채로 뜯어먹기는 피 흘리는 먹이 신세다. 내 가족이, 내 이웃이 이리 승냥이에게 산 채로 잡아먹히는데 분노하지 않을 이 있으랴! '독(毒)'을 품지 않을 수 있으랴!

3

떠나는 사람들, 고향을 향한 애끓는 향수

「낡은 집·고향·전라도 가시내·붉은 산·파초」

'간도(間島)'는 두만강 북부의 만주 땅이다. 간도를 이루는 한자를 살펴보면 '사이 간(間)'에 '섬 도(島)'다. 사이에 있는 섬, 즉 조선과 청나라 사이에 있는 섬과 같은 지역이었기에 간도라 불렀다. 간도는 고구려와 발해의 영토였다가, 그 이후 금나라와 청나라를 세운 여진족이 살던 땅이었다. 여진족이 명나라를 무너뜨리고 청나라를 세워 중원으로 이주한 뒤 간도는 여진족도 조선인도 살지 않는 땅이 되었다. 그러다 가혹한 세도정치를 피해 농민들이 간도로 넘어가면서 농경지로 개발되었다.

일제가 한반도를 점령한 뒤에 간도로 이주하는 사람들이 크게 늘었다. 일제의 수탈을 피해 넘어간 농민들도 많았고, 항일운동을 위해 넘어간 독립운동가들도 많았다. 특히 토지조사사업과 산미증산계획 등으로 농촌에서 살기 힘들어진 농민들이 간도로 대규모로 이주했다. 이후 간도는 1931년 일제가 만주에 괴뢰국가를 세우기 전까지 독립운동의 기지 역할을 단단히 했다.

 ⋯⋯(생략)⋯⋯

그가 아홉 살 되던 해
사냥개 꿩을 쫓아다니는 겨울
이 집에 살던 일곱 식솔이
어디론지 사라지고 이튿날 아침
북쪽을 향한 발자욱만 눈 위에 떨고 있었다.

더러는 오랑캐령 쪽으로 갔으리라고
더러는 아라사로 갔으리라고
이웃 늙은이들은
모두 무서운 곳을 짚었다.

지금은 아무도 살지 않는 집
마을서 흉집이라고 꺼리는 낡은 집
제철마다 먹음직한 열매
탐스럽게 열던 살구
살구나무도 글거리만 남았길래
꽃피는 철이 와도 가도 뒤울안에
꿀벌 하나 날아들지 않는다.

「낡은 집」(이용악)

일곱 식솔이 정든 고향을 떠났다. 사냥개가 꿩을 쫓아다니는 겨울,
편안히 집에 머물러 있어야 할 계절에 살기 위해 고향을 떠나 북으로 갔

다. 오랑캐 령은 간도를 말하고, 아라사는 러시아다. 일제의 수탈을 피해, 일제의 손길이 미치지 않는 곳으로 떠나간 것이다. 일곱 식솔이 떠난 뒤 그들이 살던 집은 아무도 살지 않는 '흉한 집'이 되었다. 살던 사람들이 떠난 뒤에도 제철마다 먹음직한 열매가 열리지만, 거기에 정겨움은 없다. 그래서 시인은 '꽃피는 철이 와도 꿀벌 하나 날아들지 않는다'며 비참한 현실에 슬퍼한다.

화도 나고 고국산천이 그립기도 하여서 훌쩍 뛰어나왔다가 오래간만에 고향을 둘러보고 벌이를 구할 겸 서울로 올라가는 길이라 한다.

"고향에 가시니 반가워하는 사람이 있습디까?"

나는 탄식하였다.

"반가워하는 사람이 다 뭐기오, 고향이 통 없어졌더마."

"그렇겠지요. 구 년 동안이면 퍽 변했겠지요."

"변하고 뭐고 간에 아무것도 없더마. 집도 없고 사람도 없고 개 한 마리도 얼씬을 않더마."

"그러면 아주 폐농이 되었단 말씀이오?"

"흥, 그렇구마. 무너지다가 담만 즐비하게 남았더마. 우리 살던 집도 터야 안 남았겠는기요. 암만 찾아도 못 찾겠더마. 사람 살던 동리가 그렇게 된 것을 혹 구경했는기요?"

하고 그의 짜는 듯한 목은 높아졌다.

"썩어 넘어진 서까래, 뚤뚤 구르는 주추(주춧돌)는! 꼭 무덤을 파서 해골을 헐어젖혀 놓은 것 같더마. 세상에 이런 일도 있는기요? 백여 호 살던 동리가 십 년이 못 되어 통 없어지는 수도 있는기요, 후!"

하고 그는 한숨을 쉬며 그때의 광경을 눈앞에 그리는 듯이 멀거니 먼 산을 보다

가 내가 따라 준 술을 꿀꺽 들이켜고,

"참! 가슴이 터지드마, 가슴이 터져."

하자마자 굵직한 눈물 뒤 방울이 뚝뚝 떨어진다.

나는 그 눈물 가운데 음산하고 비참한 조선의 얼굴을 똑똑히 본 듯싶었다.

『고향』 (현진건)

이용악 시인의 『낡은 집』에서는 그나마 한 집만 흉가가 되었다. 그러
나 현진건의 『고향』에서는 한 집이 아니라 마을 전체가 사라져 버렸다.
백여 가구가 살던 동네가 십 년 만에 완전히 사라져 버릴 정도로 일제
의 수탈은 가혹했다. 고향을 잃은 정도가 아니라 고향 자체가 사라져 버
리는 비극, 가슴 터지도록 흐르는 눈물이 바로 '음산하고 비참한 조선의
얼굴'이었다.

 ……(생략)……

네 두만강을 건너왔다는 석 달 전이면

단풍이 물들어 천 리 천 리 또 천 리 산마다 불탔을 겐데

그래도 외로워서 슬퍼서 치마폭으로 얼굴을 가렸더냐

두 낮 두 밤을 두루미처럼 울어 울어

불술기 구름 속을 달리는 양 유리창이 흐리더냐

차알삭 부서지는 파도 소리에 취한 듯

때로 싸늘한 웃음이 소리 없이 새기는 보조개

가시내야

울 듯 울 듯 울지 않는 전라도 가시내야

두어 마디 너의 사투리로 때 아닌 봄을 불러 줄게

손때 수줍은 분홍 댕기 휘휘 날리며

잠깐 너의 나라로 돌아가거라

……(생략)……

「전라도 가시내」(이용악)

　　두만강을 건너온 석 달 전이면 고향은 붉은 단풍으로 물들어 가을의
정취를 뽐낼 시간이다. 고향을 떠나온 전라도 가시내는 외롭고 슬퍼서
울고 또 운다. 이 시의 화자인 함경도 사내는 전라도 가시내의 '소리 없이
새기는 보조개'를 보며 잃어버린 봄을 되찾아주겠다고 다짐한다. 전라
도 사투리, 손때 수줍은 분홍 댕기가 고향을 향한 그리움을 진하게 드러
낸다. 고향을 잃어버린 이들은 상상으로나마 고향으로 되돌아가는 꿈을
꾼다.

　　그의 집안은 살기 좋다는 바람에 서간도로 이사를 갔다. 쫓겨 가는 이의 운
명이거든 어디를 간들 신신하랴(새로운 데가 있으랴). 그곳의 비옥한 전야(田野)도
그들을 위하여 열려질 리 없었다. 조금 좋은 땅은 먼저 간 이가 모조리 차지를
하였고 황무지는 비록 많다 하나 그곳에 당도하던 날부터 아침거리 저녁거리 걱
정이라. 무슨 형세로 일 년이란 장구한 세월을 먹고 입어가며 거친 땅을 풀 수가
있으랴. 남의 밑천을 얻어서 농사를 짓고 보니 가을이 되어 얻는 것은 빈주먹뿐
이었다. 이태 동안을 사는 것이 아니라 억지로 버티어갈 제 그의 아버지는 우연

히 병을 얻어 타국의 외로운 혼이 되고 말았다. 열아홉 살밖에 안된 그가 홀어머니를 모시고 악으로 악으로 모진 목숨을 이어가던 중, 사 년이 못 되어 영양부족한 몸이 심한 노동에 지친 탓으로 그의 어머니도 죽고 말았다.

「고향」 (현진건)

죽음과 같은 고통을 피해 간도로 이주를 했지만 간도도 만만한 곳은 아니었다. 너무 많은 한국인들이 간도로 건너갔기에 좋은 땅은 이미 다 개발이 됐다. 남은 땅은 있었지만 빈털터리로 1년을 버티기는 쉽지 않다. 고향에 머물러도, 고향을 떠나도 식민지 백성의 고통은 사라지지 않는다.

더 큰 고통은 핍박이었다. 나라 잃은 백성은 어딜 가나 억압을 받았다. 백성을 지켜주는 나라가 없으니 다른 나라 사람들이 함부로 대했다.

여(余)가 ○○촌을 떠나기 전날이었다. 송 첨지라는 노인이 그해 소출을 나귀에 실어가지고 만주국인 지주가 있는 촌으로 갔다. 그러나 돌아올 때는 송장이 되었다. 소출이 좋지 못하다고 두들겨 맞아서 부러져 꺾어진 송 첨지는 나귀등에 몸이 결박되어서 ○○촌으로 돌아왔다. 그리고 놀란 친척들이 나귀에서 몸을 내릴 때에 절명하였다. ○○촌에서는 왁자하였다.

"원수를 갚자."

명 아닌 목숨을 끊은 송 첨지를 위하여 동네의 젊은이는 모두 흥분하였다. 제각기 이제라도 들고 일어설 듯하였다. 그러나 그뿐이었다. 누구든 앞장을 서려는 사람이 없었다. 만약 이때에 누구든 앞장을 서는 사람만 있었다면, 그들은 곧 지주에게로 달려갔을지 모른다. 그러나 제가 앞장을 서겠노라고 나서는 사람은 없었다. 제각기 곁사람을 돌아보았다. 연해 발을 굴렀다. 부르짖었다. 학대받는 인종의 고통을 호소하며 울었다. 그러나 그뿐이었다. 남의 일로 지주에게 반항하여 제 밥자리까지 떼이기를 꺼림인지, 용감히 앞서 나가는 사람은 없었다.

(마을에서 개망나니 짓을 하던 삵(익호)는 송 첨지의 죽음에 항의하기 위해 지주 놈의 집에 갔다. 그리고 죽음을 맞는다. 죽기 전에 그는 조국을 그리워한다.)

"보고 싶어요. 전 보고 시……."

"뭐이?"

그는 입을 움직였다. 그러나 말이 안 나왔다. 기운이 부족한 모양이었다. 잠시 뒤에 그는 또다시 입을 움직였다. 무슨 소리가 그의 입에서 나왔다.

"무얼?"

"보고 싶어요. 붉은 산이……. 그리고 흰옷이!"

「**붉은 산**」(김동인)

만주국 지주가 소작료로 바치는 곡식이 적다고 한국 농민을 죽여 버린다. 나라를 잃지 않았다면 아무리 다른 나라 소작인이라고 해도 그리 함부로 하지는 못했을 것이다. 만주국 지주는 마을 사람들에게 본보기를 보인 셈이다. 죽기 싫으면 더 많이 바치라는 명령이다. 마을 사람들은 분노한다. 다 같이 일어나 지주에게 대항할 생각이 굴뚝같다. 그러나 나서지 못한다. 살기 위해 간도까지 왔는데, 이곳에서 개죽음을 당하고 싶지는 않았기 때문이다. 혹 내가 나섰다가 나만 피해를 볼까 두려웠기 때문이다. 나약한 백성들이다.

그때 마을에서 망나니짓을 하던 익호(삵)가 지주 놈의 집에 찾아가고, 결국 죽음을 맞는다. 익호는 망나니였지만 같은 동포의 고통을 외면하지 않았다. 억압받는 동포를 위해 제 목숨을 버렸다. 익호는 죽어가며 고향을 그리워한다. 진한 단풍이 들었을 '붉은 산'이 죽어가는 눈동자 위에 떠오른다. '흰 옷'을 보고 싶다. 조선의 백성들이 즐겨 입던 옷을 입고 싶다. 그 옷을 입은 이웃들, 가족들과 함께 환한 웃음을 짓고 싶다. 간절한 소원이다.

 조국을 언제 떠났노.

파초의 꿈은 가련하다.

남국을 향한 불타는 향수,

너의 넋은 수녀보다도 더욱 외롭구나!

⋯⋯(생략)⋯⋯

『파초』(김동명)

간도에서 남국, 남쪽 나라는 우리 땅이다. 지금은 빼앗긴 우리 땅이다. 고향으로 돌아가고 싶은 불타는 향수, 그러나 갈 수 없는 땅. 그래서 고향을 잃고 간도에서 힘겹게 살아가는 사람들의 가슴은 외로움에 사무친다.

4

여성, 식민지 아래 또 하나의 식민지

『운수 좋은 날·고향·감자·탁류·사랑방 손님과 어머니·
술 권하는 사회·마사코의 질문·초혼』

여자와 북어는 3일에 한 번씩 두들겨 패야 좋다는 말이 자연스럽던 시절이 있었다. 가난을 면하기 위해 딸을 팔아 생계를 유지하는 일이 비일비재했다. 돈 있는 남자라면 여러 여자를 거느려도 비난받지 않았다. 한국 남자들이 한국 여자를 이리 대했으니 일제가 한국 여성들을 어찌 대했을지는 뻔하다.

그때도 김 첨지가 오래간만에 돈을 얻어서 좁쌀 한 되와 십 전짜리 나무 한 단을 사다 주었더니 김 첨지의 말에 의지하면 그 오라질 년이 천방지축(天方地 軸)으로 냄비에 대고 끓였다. 마음은 급하고 불길은 달지 않아 채 익지도 않은 것을 그 오라질 년이 숟가락은 고만두고 손으로 움켜서 두 뺨에 주먹덩이 같은 혹이 불거지도록 누가 빼앗을 듯이 처박질 하더니만 그날 저녁부터 가슴이 땅 긴다, 배가 켕긴다고 눈을 홉뜨고 지랄병을 하였다. 그때 김 첨지는 열화와 같이 성을 내며,

"에이, 오라질 년, 조롱복은 할 수가 없어, 못 먹어 병, 먹어서 병, 어쩌란 말이야! 왜 눈을 바루 뜨지 못해!"

하고 김 첨지는 앓는 이의 뺨을 한 번 후려갈겼다. 홉뜬 눈은 조금 바루어졌건만 이슬이 맺히었다. 김 첨지의 눈시울도 뜨끈뜨끈하였다.

「운수 좋은 날」 (현진건)

아내인데 호칭이 '오라질 년'이다. 집에 찬기가 돌고 밥도 제대로 못 먹게 할 정도로 무능한 남편이면서 약간 거슬리는 행동을 했다고 아내를 '오라질 년'이라 부르고, 아내의 뺨을 후려갈긴다. 눈시울이 뜨끈뜨끈하다는 말로 안타까움을 드러내지만 못된 손버릇이 사라질 가능성은 없어 보인다. 당시만 해도 여자는 남자와 동등한 인격체가 아니었다. 1860년대에 동학을 창시한 최제우가 여성과 어린이도 남성과 똑같이 귀하며, 절대 폭력을 휘두르면 안 된다고 가르쳤지만, 그로부터 70~80년이 지난 뒤에도 여전히 여성은 남성과 동등한 인격체로 대접받지 못했다.

그 여자는 자기보다 나이 두 살 위였는데, 한 이웃에 사는 탓으로 같이 놀기도 하고 싸우기도 하며 자라났다. 그가 열네댓 살적부터 그들 부모 사이에 혼인 말이 있었고 그도 어린 마음에 매우 탐탁하게 생각하였다. 그런데 그 처녀가 열일곱 살 된 겨울에 별안간 간 곳을 모르게 되었다. 알고 보니 그 아비 되는 자가 이십 원을 받고 대구 유곽(창녀촌)에 팔아먹은 것이었다. 그 소문이 퍼지자 그 처녀 가족은 그 동리에서 못살고 멀리 이사를 갔는데, 그 후로는 물론 피차에 한 번 만나보지도 못하였다.

「고향」 (현진건)

가난이 원수일까? 풋풋한 사랑을 키우며 미래를 약속하는 사이였는데 아버지란 사람이 가난에 못 이겨 딸을 창녀촌에 팔아버린다. 아무리 가난하기로서니 딸을 창녀로 팔아넘기는 것은 아버지로서, 인간으로서 할 도리가 아니다. 그러나 당시에 이런 일은 흔했다. 딸을 물건 팔 듯 팔아서 생활을 유지하는 풍경이 그리 낯설지 않았다.

복녀는 원래 가난은 하나마 정직한 농가에서 규칙 있게 자라난 처녀였다. 이전 선비의 엄한 규율은 농민으로 떨어지자부터 없어졌다 하나, 그러나 어딘지는 모르지만 딴 농민보다는 좀 똑똑하고 엄한 가율(집안의 규율)이 그의 집에 그냥 남아 있었다. 그 가운데서 자라난 복녀는 물론 다른 집 처녀들같이 여름에는 벌거벗고 개울에서 멱 감고, 바짓바람으로 동네를 돌아다니는 것을 예사로 알기는 알았지만, 그러나 그의 마음속에는 막연하나마 도덕이라는 것에 대한 저품(두려움)을 가지고 있었다.

그는 열다섯 살 나는 해에 동네 홀아비에게 팔십 원에 팔려서 시집이라는 것을 갔다. 그의 새 서방(영감이라는 편이 적당할까)이라는 사람은 그보다 이십 년이나 위로서, 원래 아버지의 시대에는 상당한 농민으로서 밭도 몇 마지기가 있었으나, 그의 대로 내려오면서는 하나 둘 줄기 시작하여서, 마지막에 복녀를 산 팔십 원이 그의 마지막 재산이었다.

『감자』 (김동인)

복녀 아버지도 복녀를 팔아넘긴다. 『고향』에서는 아버지가 딸을 창녀촌에 팔아넘겼다면, 『감자』에서 복녀의 아버지는 동네 늙은이에게 딸을 넘겼으니 그나마 괜찮은 사람이라고 해야 할까? 사람은 수단이 아니라 목적이어야 한다. 사람을 돈을 위한 수단, 생존을 위한 도구로 취급하는 순간 인간은 동물 이하의 존재가 된다. 인간을 물건 취급하는 행동을 보고 우리는 '학대'라고 한다. 극소수 여성들을 제외하고 식민지시대 여성들은 대부분 지독한 학대에 시달렸다.

"…너두 노상 그런 걱정을 하지만 느이 아버지 말이다. 그게 허구 다니는 꼬락서니가 그게 사람 꼴이더냐. 요 전날 저녁에두 글쎄 두루마기 고름이 뜯어진 걸 다시 달아 달라구 내놓더구나! 아마 누구한테 멱살잽일 당한 눈치더라. 말은 안 해두……. 아이구 그 빈차리(회초리)같이 뱃삭아웨(바싹 말라) 가지군 소 갈 데 말 갈 데 안 가는 데 없이 다니면서 할 짓 못 할 짓 다아 하구, 그런 봉욕이나 당하구, 그러면서두 한 푼이라두 물어다가 어린 자식들 멕여 살리겠다구……. 휘유, 생각하면 애차럽구 눈물이 절루 난다!"

눈물이 난다는 유씨는 그냥 맹숭맹숭하고 초봉이(동생)가 고개를 숙인 채 눈물이 좌르르 쏟아진다. 그것은 부친을 가엾어 하는 눈물이기도 할 것이다. 그러나 노상 그것만도 아니다. 그는 모친에게서 결혼을 하고 나면 태수가 장사 밑천으로 돈을 몇 천 원 대 주어서 부친이 장사 같은 것을 하게 한다는 말을 듣고는 다시는 더 여부없이 태수한테로 뜻이 기울어져 버렸다. 그거야 태수가 미리서 마음을 동요시킨 것이 없었다고 하더라도 그만한 조건이고 보면 필연코 응낙을 못 할 초봉이다. 그러나 시방 초봉이는 제 마음 한편 눈을 감고서라도 태수한테 뜻이 있어서가 아니요, 그 유리한 조건 그것 한 가지 때문이라고 해서나마, 안타까운 제 심정의 분열을 짐짓 위로하고 싶으리만큼 일변(한편)으로는 승재한테 대하여 커다란 미련과 민망스러움이 간절했다. ……(중략)…… 첫사랑의 싹이었던 걸로 해서 태수한테보다는 승재한테로 정은 기울어 있었던 게 사실이매 ……(중락)…… 게다가 또다시 한 가지는 그러한 부친과 이러한 집안을 돕기 위하여 나는 나를 희생한다는 처녀다운 감격…… 이렇게나 모두 무엇인지 분간을 못하게 뒤엉켜 가지고 눈물이라는 게 흘러내던 것이다.

『**탁류**』(채만식)

사랑하는 남자가 있다. 가난하지만 참 좋은 남자다. 아버지는 무능하다. 어머니는 그런 아버지를 감싸면서 딸에게는 마음에도 없는 남자에게 시집을 가라고 요구한다. 물건이 팔려나가듯 초봉은 못된 태수에게 시집을 간다. 그나마 이번에는 보상도 제대로 받고, 비슷한 나이 또래니 『고향』과 『감자』에 나오는 여성들보다는 나은 상황이라고 위로라도 해야 할 판이다. 흙탕물이 뒤섞인 탁류처럼 소설 『탁류』의 주인공 초봉은 태수에게 억지로 시집을 간 뒤 끔찍한 불행을 맞이한다. 아버지가 그런 인간이 아니었다면 사랑하는 사람과 살며 작은 행복이라도 누렸겠지만, 무능한 아버지로 인해 딸의 인생은 험한 파도에 내쳐진다. 이는 단지 초봉의 아버지라는 한 개인의 문제가 아니었다. 그 시대는 여성을 남성과 같은 존재로 여기지 않았고, 무엇보다 사회 현실이 끔찍했기 때문이다.

 "옥희야, 너 아빠가 보고 싶니?"
하고 물으십니다.
"응, 우리두 아빠 하나 있으문."
하고 나는 혀를 까불고 어리광을 좀 부려 가면서 대답을 했습니다. 한참 동안을 어머니는 아무 말씀도 아니하시고 천장만 바라다보시더니,
"옥희야, 옥희 아버지는 옥희가 세상에 나오기도 전에 돌아가셨단다. 옥희두 아

빠가 없는 건 아니지. 그저 일찍 돌아가셨지. 옥희가 이제 아버지를 새로 또 가

지면 세상이 욕을 한단다. 옥희는 아직 철이 없어서 모르지만 세상이 욕을 한단

다. 사람들이 욕을 해. 옥희 어머니는 화냥년이다. 이러구 세상이 욕을 해. 옥희

아버지는 죽었는데 옥희는 아버지가 또 하나 생겼대. 참 망측두 하지. 이러구 세

상이 욕을 한단다. 그리 되문 옥희는 언제나 손가락질받구. 옥희는 커두 시집두

훌륭한데 못 가구. 옥희가 공부를 해서 훌륭하게 돼두. 에 그까짓 화냥년의 딸.

이러구 남들이 욕을 한단다."

이렇게 어머니는 혼잣말 하시듯 드문드문 말씀하셨습니다.

「사랑방 손님과 어머니」 (주요섭)

옥희 엄마는 사랑방에 하숙하는 남자를 사랑한다. 옥희도 그 아저씨
가 너무 좋다. 자기 아버지 노릇을 해주기를 바란다. 남편을 일찍 떠나보
내고 외롭게 살던 여자는 새롭게 정이 든 남자와 알콩달콩 살고 싶은 꿈
을 꾸지만 사회의 시선이 무섭다. 남편을 잃은 여자가 재혼을 하면 세상
이 욕을 한다면서, 내가 욕을 먹으면 딸도 함께 욕을 먹는다면서 사랑을
포기한다. 마음 깊이 사랑하는 남자를 포기할 정도로 주위의 시선을 두
려워한다.

옥희 엄마는 '화냥년'이란 비난을 받을까 두려워한다. 화냥년이란 정
조없이 몸을 함부로 놀리는 여자를 비난하는 욕으로 병자호란 때 생겨
났다. 병자호란 때 많은 여성들이 청나라에 끌려갔다. 평소에 잘난 척 하
던 남자들은 전쟁이 나자 어찌나 무능력하던지 제대로 싸워보지도 못하
고 굴복했다. 남자들의 무능으로 청나라에 끌려갔던 여성들은 간신히
살아서 돌아왔다. 그런데 남자들, 특히 양반 남자들은 죽을 고비를 넘기

고 살아온 여성들을 환영하기는커녕, 정조를 잃었으면 스스로 목숨을 끊어야지 죽지 않고 돌아왔다면서 살아서 돌아온 여자들을 비난했다. 고향으로 돌아온 여자란 뜻의 '환향녀(還鄕女)'는 정조를 더럽혔음에도 살아서 돌아온 여자란 뜻으로 사용되면서 심한 욕이 되었고, '화냥년'이란 욕으로 변화하였다. 화냥년이란 욕 속에는 자기 잘못을 덮고 여성들에게 모든 책임을 뒤집어씌운 남자들의 못된 역사가 담겨 있다. 병자호란 때나 식민지시대 때나 여자를 바라보는 남자들의 시선은 변하지 않았다.

남자는 어떨까? 조선시대나 식민지시대나 남자는 이혼을 해도 괜찮았고, 재혼을 하든, 둘째 부인을 두든 상관이 없었다. 남자에겐 최대한 자유를 허용했지만 여자에게는 무한한 순결을 강요했고, 어기면 여지없이 비난을 퍼부었다.

아내가 되고 남편이 된 지는 벌써 오랜 일이다. 어느덧 7,8년이 지났으리라. 하건만 같이 있어본 날을 헤아리면 단 일 년이 될락말락 한다. 막 그의 남편이 서울서 중학을 마쳤을 제 그와 결혼하였고, 그러자마자 고만 동경에 부급한 까닭이다. 거시서 대학까지 졸업을 하였다. 이 길고 긴 세월에 아내는 얼마나 괴로웠으며 외로웠으랴! 봄이면 봄, 겨울이면 겨울, 웃는 꽃을 한숨으로 맞았고 얼음 같은 베개를 뜨거운 눈물로 하염없이 덥히었다. 몸이 아플 때, 마음이 쓸쓸할 제, 얼마나 그가 그리웠으랴!

「술 권하는 사회」(현진건)

『술 권하는 사회』에서 남편은 동경 유학을 한 지식인이다. 결혼을 하자마자 바로 유학을 떠났다. 사랑은 결혼에서 중요하게 고려되지 않았다. 집안끼리 맺어졌고, 여성은 남편이 없는 시댁에서 남편의 뒷바라지를 하고 시부모를 모시면서 외롭게 지냈다. 그나마 7~8년 동안 유학을 떠났다가 돌아와서 아내와 다정하게 지내면 좋으련만 그러지 못했다. 새로운 문물을 접하고 신학문을 공부한 남편과, 식민지 한국에서 어릴 때 집안의 강요로 시집을 와서 집안일만 하는 여성 사이에 공감할 수 있는 문화나 정서는 없었다. 남자는 여자에게 정을 붙이지 못했고, 여자는 밖으로만 도는 남편을 보며 한없이 속앓이를 했다.

"흥, 또 못 알아듣는군. 묻는 내가 그르지. 마누라야 그런 말을 알 수 있겠소. 내가 설명해 드리지. 자세히 들어요. 내게 술을 권하는 것은 홧증도 아니고 '하이칼라'도 아니요. 이 사회란 것이 내게 술을 권한다오. 이 조선 사회란 것이 내게 술을 권한다오. 알았소? 팔자가 좋아서 조선에 태어났지. 딴 나라에 났다면 술이나 얻어먹을 수 있나……."

사회란 무엇인가? 아내는 또 알 수가 없었다. 어찌하였든 딴 나라에는 없고 조선에만 있는 요릿집 이름이어니 한다.

"조선에 있어도 아니 다니면 그만이지요."

남편은 또 아까 웃음을 재우친다. ……(중략)……

"그르지, 내가 그르지 너 같은 숙맥(菽麥)더러 그런 말을 하는 내가 그르지. 너한테 조금이라도 위로를 얻으려는 내가 그르지. 후우."

스스로 탄식한다.

"아아 답답해!"

문득 기막힌 듯이 외마디 소리를 치고는 벌떡 몸을 일으킨다.

「술 권하는 사회」(현진건)

남편은 조국을 위해 무언가를 하겠다는 푸르른 꿈을 꾸었지만 돌아와 보니 할 일이 없다. 그래서 조국의 현실에 괴로워하며 술을 먹는다. 그런 남편을 아내는 이해하지 못한다. 도대체 누가 술을 먹이는지 궁금해서 묻자, 남편은 사회가 나에게 술을 먹인다고 한다. 아내는 '사회가 술을 먹인다'는 말의 진정한 뜻을 이해하지 못한다. 남편은 대화가 통하지 않는, 정확히는 지식 수준이 떨어지는 아내에게 답답함을 느끼고 또다시 술을 찾아서 집을 나간다. 아내는 아내대로 괴롭고 남편은 남편대로 괴롭다. 이런 부부생활이 행복할 리 없다.

물론 1920년대 들어 『술 권하는 사회』에 등장하는 아내보다 훨씬 똑똑한 여성들, 고등교육을 받은 신여성들이 출연하기도 한다. 신여성은 남자들도 힘들어하는 일본 유학을 하거나 당시 여성들은 꿈도 꾸지 못한 영역에 진출한다. 자유롭게 옷을 입고, 남자들과 자유연애를 하고, 시댁 중심의 결혼 문화에 저항한다. 고등교육을 받은 여성들은 그 이전 여성과는 다른 삶을 살기도 한다. 그러나 남성 중심으로 이루어진 막강한 관습에 도전하기는 쉽지 않았다.

신여성의 효시로 불리는 나혜석은 뛰어난 미술가였고, 발표되는 글마다 큰 반향을 불러일으키는 뛰어난 작가였다. 그러나 나혜석은 남편에게 강제로 이혼당하고, 남자를 상대로 재판을 벌였다는 이유로 비난을 당하다 결국 가난뱅이로 삶을 마감한다. 나혜석은 진정한 의미의 신여성이었으나 나혜석과 같은 이는 극소수였고, 삶도 순탄하지 못했다. 신여성을 대표하는 나혜석이 보통의 신여성보다 심한 굴곡을 겪으며 살기는 했지만, 신여성의 삶이 겪는 어려움을 보여주기에는 충분하고, 적절하다.

일본은 열세 살짜리 어린 날 속여 끌어다가 저희 군인들을 위안하라는구나. 저희 군인들을 위로하여 안심시키고 마음을 편하게 하여 전쟁을 승리로 이끌도록 부추기라는구나.

아, 부끄러워라!

조선의 남자들은 어쩌다가 제 나라 하나 지켜 내지 못하고, 풀잎 같은 딸들을 이토록 더럽히는지. 어떻게 했기에 한 떨기 꽃 같은 제 누이들을 이렇듯 욕보이며 천덕꾸러기로 만드는지. 못난 남자들을 한 핏줄로 하여 태어난 죄를 아직 봉오리일 뿐인 난 온몸으로 겪어 내야 했단다.

그 날 이후로 내 이름은 아야코가 됐어. 봉선 언니는 도미코가 됐고. 거기선 여자들의 이름을 다 일본식으로 불렀거든. 그나마 난 어려서 상대하는 군인들이 적었지. 짐승들의 노리개 노릇이 죽기보다 싫어 배가 아파 죽는다고 꾀병을 부리기도 했으니까. 하지만 봉선 언니 방 앞에는 늘 수많은 군인들이 줄을 서서 기다렸어.

봉선 언니가 누군지도 모를 애를 배고 미쳐서 군복 입은 남자만 보면 물어뜯다가 맞아 죽던 날, 난 시끄러운 틈을 타 그곳을 도망쳤어. 그러나 수수밭 속에 숨어 있던 난 하루도 못 가서 들키고 말았지.

『**마사코의 질문**』(손연자)**중에서 '잠들어라 새야'**

식민지 한국이 말 그대로 지옥이었음을 증명하는 이름이 '종군위안부'다. 채 꽃피우지 못한 딸들이 전쟁터로 끌려가 일본군의 성노리개가 되었다. 일본 정부는 열악한 환경에 놓인 채 힘겨운 전투를 수행하느라 사기가 떨어진 군인들을 위해 꽃다운 처녀들을 강제로 끌고 갔다. 끌려간 처녀들은 힘없는 나라에 태어난 죄로 짐승만도 못하게 유린당한 뒤 처참하게 죽임을 당했다. 대다수 종군위안부 여성들이 깊은 한을 품고 죽었으며 원혼마저 고향으로 돌아오지 못했다. 소수의 여성들만 살아서 돌아왔고, 그 치욕을 평생 안고 살았다.

식민지의 아픔은 여성들의 삶에 깊은 생채기를 남겼다. 엄혹한 시대에는 항상 약자들에게 그 고통이 집중되기 마련이다. 힘이 약했던 여성들은 하소연도 못하고 오롯이 참으며 견뎌야 했다. 풀어내지 못한 고통은 가슴에 쌓여 한(恨)이 되었다.

 ……(생략)……

붉은 해는 서산마루에 걸리었다.
사슴의 무리도 슬피 운다.
떨어져 나가 앉은 산 위에서
나는 그대의 이름을 부르노라.

설움에 겹도록 부르노라.
설움에 겹도록 부르노라.
부르는 소리는 비껴가지만
하늘과 땅 사이가 너무 넓구나.
선 채로 이 자리에 돌이 되어도
부르다가 내가 죽을 이름이여!

사랑하던 그 사람이여!

사랑하던 그 사람이여!

「초혼」(김소월)

붉은 해가 서산마루에 걸린다. 사슴도 슬프게 운다. 산이 떨어져 나
간 듯 절망에 휩싸여 그대의 이름을 부른다. 서럽게 서럽게 부른다. 하늘
과 땅 사이로 갈라져 버린 님이여! 부르다 부르다 망부석처럼 돌이 되어
버릴지라도, 죽은 이를 끝없이 부른다. 한스럽다. 몸이 찢겨지고 심장은
피눈물을 쥐어짠다. 그러나 식민지시대의 여성들은 설움에 치받쳐도 입
밖으로 한을 내뱉지도 못했다. 그저 눈물 한 번 훔치고는 꾹 참고 견뎌야
했다.

일제의 식민지이자, 남성의 식민지로 살아야 했던 여성들은 망부석처
럼 한이 서린 돌이 되어 어둠의 세상을 견뎌야 했다.

부르다가 내가 죽을 이름이여! 그 이름은 식민지 여성이어라!

5

식민지시대, 지식인은 개밥의 도토리

「술 권하는 사회·레드메이드 인생·삼대·쉽게 씌어진 시」

식민지 지식인은 무기력했다. 식민지 한국에서는 대학을 나온 특별한 계층이었지만 식민지이기에 지식인은 할 만한 일이 별로 없었다. 독립운동에 나서면 되지만 쉽지 않았다. 독립운동을 하려면 목숨을 걸어야했기 때문이다. 목숨을 걸만큼 용기 있는 지식인은 많지 않았다. 직접 독립운동을 하기보다 전체 한국인의 실력을 키워 독립을 이루는 발판을 마련하겠다고 결심하는 지식인들이 많았다.

많은 지식인들이 일본으로 유학을 갔다. 선진문물을 배워 조국에 도움이 되겠다는 큰 꿈을 꾸었다. 그리고 오랫동안 힘겨운 유학생활을 견뎠다. 한국인을 멸시하는 일본인들 틈새에서 부족한 생활비로 인한 고통까지 참아가며 배우고 또 배웠다.

대학을 마치고 한국에 돌아와 현실에 부딪쳐 보니 생각과는 딴판이었다. 식민지 한국에서 지식인이 할 일은 별로 없었다. 꿈은 창대했지만 일제가 쳐 놓은 식민지 억압의 벽을 뛰어넘기에는 지나치게 두껍고 높았다. 지식인 사회의 현실도 희망이 없었다. 지식인들이 받은 충격과 좌절은 끔찍했다. 높은 이상을 가로 막는 무지막지한 장벽 앞에 수많은 지식들이 무기력을 느끼며 무너졌다.

"……저 우리 조선 사람으로 성립된 이 사회란 것이, 내게 술을 아니 못 먹게 한단 말이요.……. 어째 그렇소?…… 또 내가 설명을 해드리지. 여기 회를 하나 꾸민다 합시다. 거기 모이는 사람놈 치고 처음은 민족을 위하느니, 사회를 위하느니 그러는데, 제 목숨을 바쳐도 아깝지 않으니 아니하는 놈이 하나도 없어. 하다가 단 이틀이 못되어, 단 이틀이 못되어…"
한층 소리를 높이며 손가락을 하나씩 둘씩 꼽으며,
"되지 못한 명예 싸움, 쓸데없는 지위 다툼질, 내가 옳으니 네가 그르니, 내 권리가 많으니 네 권리 적으니…… 밤낮으로 서로 찢고 뜯고 하지, 그러니 무슨 일이 되겠소. 회(會)뿐이 아니라, 회사이고 조합이고…… 우리 조선놈들이 조직한 사회는 다 그 조각이지. 이런 사회에서 무슨 일을 한단 말이요. 하려는 놈이 어리석은 놈이야. 적이 정신이 바루 박힌 놈은 피를 토하고 죽을 수밖에 없지. 그렇지 않으면 술밖에 먹을 게 도무지 없지. 나도 전자에는 무엇을 좀 해보겠다고 애도 써보았어. 그것이 모다 수포야. 내가 어리석은 놈이었지. 내가 술을 먹고 싶어 먹는 게 아니야. 요사이는 좀 낫지마는 처음 배울 때에는 마누라도 알다시피 죽을 애를 썼지. 그 먹고 난 뒤에 괴로운 것이야 겪어본 사람이 아니면 알 수 없지. 머리가 지끈지끈 아프고 먹은 것이 다 돌아 올라오고……. 그래도 아니 먹은 것보담 나았어. 몸은 괴로워도 마음은 괴롭지 않았으니까. 그저 이 사회에서 할 것은 주정꾼 노릇밖에 없어……."
……(중략)……

"그래도 못 알아듣네그려. 참, 사람 기막혀. 본 정신 가지고는 피를 토하고 죽든지, 물에 빠져 죽든지 하지, 하루라도 살 수가 없단 말이야. 흉장(胸臟)이 막혀서 못 산단 말이야. 예엣, 가슴 답답해."

「술 권하는 사회」(현진건)

『술 권하는 사회』의 남편은 지식인이다. 유학을 끝마치고 돌아와 무언가를 해 보려했다. 그러다 지식인들의 맨얼굴을 보았다. 민족과 독립을 위한다면서 조금만 지나면 명예, 지위, 권력, 운동의 방향을 두고 다툼을 벌였다. 1920년대 한국의 독립운동 진영은 갈가리 찢겨 있었다. 1927년에 '신간회'가 결성되어 전체 독립운동 진영이 하나로 뭉치지만, 몇 년이 지나지 않아 다시 쪼개진다. 독립운동 진영은 사회주의 파와 민족주의 파로만 쪼개진 게 아니었다. 각자 세력마다 무수히 많은 파벌들이 내부에서 다툼을 벌였다. 독립운동가들에게는 일제의 무시무시한 억압도 무서운 적이었지만, 내부에서 벌어지는 갈등과 다툼도 위협이었고 좌절이었다.

 "공자왈 맹자왈은 이미 시대가 늦었다. 상투를 깎고 신학문을 배워라."
"야학을 실시하여라."
재등 총독이 문화정치의 간판을 내어 걸고 골고루 학교를 증설하였다. 보통학교의 교장이 감발을 하고 촌으로 돌아다니며 입학을 권유하였다. 생도에게는 월사금을 받기는커녕 교과서와 학용품을 대주었다. 민간의 유지는 돈을 거두어 학교를 세웠다. 민립 대학도 생기려다가 말았다. 청년회에서 야학을 설치하였다. 갈돕회가 생겨 갈돕만주 외우는 소리가 서울에 신풍경을 이루었고 일반은 고학생을 존경하였다. 여학생이라는 새 숙어가 생기고 신여성이라는 새 여성이 생겨났다.

……(중략)……

그러나 노동자와 농민은 무대를 잡았다. 그들에게는 조선의 문화의 향상이나 민족적 발전이 도리어 무거운 짐을 지어주었을지언정 덜어주지는 아니하였다. 그들은 배[梨]주고 속 얻어먹은 셈이다. 인텔리…인텔리 중에도 아무런 손끝의 기술이 없이 대학이나 전문학교의 졸업증서 한 장을, 또는 조그마한 보통 상식을 가진 직업 없는 인텔리… 해마다 천여 명씩 늘어가는 인텔리…. 뱀을 본 것은 이들 인텔리다. 부르주아지의 모든 기관이 포화상태가 되어 더 수요가 아니 되니 그들은 결국 꾀임을 받아 나무에 올라갔다가 흔들리는 셈이다. 개밥의 도토리다.

『레드메이드 인생』(채만식)

1919년 3·1운동을 겪은 일제는 무조건 억누르는 방식으로는 한국을 더 이상 통치할 수 없다는 사실을 알았다. 무조건 억압하기보다는 적당히 풀어주고 한국인들을 분열시켜 일본에 협조하는 친일파를 만드는 것이 훨씬 통치가 수월해지리라는 점을 깨달았다. 그래서 내세운 통치 방식이 '문화통치'다. 문화통치를 내세웠다 해서 말 그대로 문화로 통치하는 것은 아니다. 겉으로는 부드러운 척했지만 독립운동가들에게는 고문과 처형을 자행했고, 독립운동의 싹이 조금이라도 보이면 무자비하게 짓밟았다.

아무튼 문화통치를 내세운 조선총독부는 곳곳에 학교를 세우고 학생들을 교육했다. 한국인들 사이에서도 새로운 학문을 익혀 힘을 기르자는 분위기가 형성되었다. 공부와 거리가 멀었던 여성들에게도 교육받을 기회를 주었고, 일반 노동자와 농민들을 대상으로 야학을 열었다. 윗

글에 나오는 '고학생'이란 스스로 돈을 벌어 공부를 하는 학생을 말한다. 과거에는 가정 형편 탓에 공부를 제대로 못했을 청소년들이 스스로 돈을 벌어가며 열렬히 공부를 했다.

'갈돕회'는 1920년에 고학생들이 뭉쳐서 만들었던 친목 단체다. 갈돕회는 연극 단체를 만들어 전국을 다니며 공연을 하기도 했다. '민립대학 설립운동'은 식민지 교육이 아니라 제대로 된 인재를 키우기 위해 한국인을 위한 대학을 설립하자는 운동이었다. 1923년부터 벌어진 운동으로 '조선 민립대학 기성회'를 만들어 활발하게 모금운동을 벌였지만 일제의 방해로 무산되었다. 일제는 '경성제국대학'을 설립하여 요구를 들어주는 척했지만, 경성제국대학은 일본인 및 친일관리 양성을 위한 학교였을 뿐이다.

『레드메이드 인생』에서 채만식이 가장 안타까워하는 대상은 인텔리다. 노동자와 농민에게 문화 향상과 민족의 발전은 부담스러운 짐을 더준 정도였다. 반면에 인텔리들은 꿈을 품고 공부를 하였으나 막상 대학을 나오고 보니 할 일이 없었다. 초기 인텔리들은 일제가 만든 기관과 각종 단체에서 일자리를 차지했지만, 기존 인텔리들이 일자리를 장악한 뒤에 쏟아져 나오는 인텔리에게는 일자리가 주어지지 않았다. 그들은 일자리를 얻기 위해 구직 투쟁을 해야 했고, 레드메이드 인생 즉 실업자가 되어 살았다. 오죽했으면 채만식이 인텔리를 '개밥의 도토리'라고 표현했겠는가? 개밥에 놓인 도토리는 개도 관심을 두지 않는다. 개한테도 무시당하는 신세, 그것이 '개밥의 도토리'인 인텔리였다.

그가 늘 흉중(가슴)에 묻어두었다가 청년들에게 한바탕씩 해 들려주는 훈화를 꺼낸다.

"그렇지만 내가 늘 말하는 것인데… 저렇게 취직만 하려고 애를 쓸 게 아니야. 도회지에서 월급 생활을 하려고 할 것만이 아니라 농촌으로 돌아가서…"

"농촌으로 돌아가서 무얼 합니까?"

P는 말 중간을 갈라 불쑥 반문하였다. 그는 기왕 취직운동은 글러진 것이니 속 시원하게 시비라도 해보고 싶은 것이다.

"허! 저게 다 모르는 소리야… 조선은 농업국이요 농민이 전 인구의 팔 할이나 되니까 조선 문제는 즉 농촌 문제라고 볼 수가 있는데, 아 지금 농촌에 할 일이 오죽이나 많다구?"

"저는 그 말씀 잘 못 알아듣겠는데요. 저희 같은 사람이 농촌에 가서 할 일이 있을 것 같지 않습니다."

"그럴 리가 있나! 가령 응…저…"

K사장은 응…저…하고 더듬으면서 끝내 대답을 하지 못한다. 그것은 무리가 아니다. 그가 구직하러 오는 지식 청년들에게 농촌으로 돌아가 농촌 사업을 하라는 것과 (다음에 또 꺼내는 일거리를 만들라는 것은) 결코 현실에서 출발한 이론적 근거가 있는 것이 아니었다. 그저 지식 계급의 구직꾼이 넘치는 것을 보고 막연히 '농촌으로 돌아가라' '일을 만들어라'고 해왔을 따름이다. 따라서 거기에 대한 구체적인 계획이 있는 것도 아니었다. 한편으로는 한 행세거리로 또 한편으로는 구직꾼 격퇴의 수단으로 자룡(삼국지의 조자룡)이 헌 창 쓰듯 썼을 뿐이지.

그리하여 그동안까지는 대개는 그 막연한 설교를 들은 성 만 성하고 물러가는 것이 그들의 행태였는데 오늘 이 P에게만은 그렇지가 아니하여 불가불 구체적인 설명을 해주어야 하게 말머리가 돌아선 것이다. 그래서 그는 떠듬떠듬 생각해 가면서 생각나는 대로 주워섬기는 것이다.

"가령 응…저…문맹퇴치운동도 있지. 농민의 구 할은 언문도 모른단 말이야! 그리고 생활개선운동도 좋고…헌신적으로."

……(중략)……

"그렇지만 지금 조선 농촌에서는 문맹퇴치니 생활개선이니 합네 하고 손끝이 하얀 대학이나 전문학교 졸업생들이 몰려오는 것을 그다지 반겨하기는커녕 머릿살을 앓을 것입니다. ……농민이 우매하다든지 문화가 뒤떨어졌다든지 또 생활이 비참한 것의 근본 원인이 기역 니은을 모른다던가 생활개선을 할 줄 몰라서 그런 것이 아니니까요."

『레드메이드 인생』 (채만식)

P는 인텔리다. 취직을 하려고 신문사 사장인 K를 찾았다. K는 P가 귀찮다. 맨날 찾아오는 인텔리 실업자들을 물리치기 위해 농촌으로 들어가 계몽운동에 뛰어들라고 말한다. 문맹퇴치와 생활개선을 위해 헌신하라고 말한다. 그곳에 희망이 있다고.

1920년대 언론이 중심이 되어 '아는 것이 힘, 배워야 산다'를 내걸고 글자를 모르는 농민들에게 글자를 가르치는 문맹퇴치운동을 벌였다. 1930년대에는 청년 학생들을 중심으로 한 '브나로드운동'도 활발하게 일어났다. 브나로드는 '민중 속으로'라는 뜻의 러시아말로 러시아 말기 지식인들이 농촌에 들어가 농민들을 깨우치기 위해 벌인 운동이었다. 브나로드운동을 통해 한글 교육과 미신타파, 생활환경 개선 등의 농촌계몽운동을 전개하였다.

채만식은 『레드메이드 인생』에서 이러한 농촌계몽운동의 한계를 정확히 짚는다. 농민이 문화가 뒤떨어지고 생활이 비참한 원인이 문자를 모르고 생활개선을 할 줄 몰라서가 아니라는 것이다. 원인은 일제의 식민통치였다. 일제의 검열이 무서운 시대였기에 그 말이 생략된 채로 P의 말은 끝난다. 근본 원인을 직접 겨누어 저항하지 않고 문맹퇴치와 생활개선운동 따위로 농촌의 현실이 개선될 리 없었다. 지식인들의 일자리 부족 문제가 해결되기도 어려웠다.

결국 『레드메이드 인생』을 살아가던 P는 자식을 공장에 보낸다. 지식인이 아니라 노동자의 길을 걸으면 그나마 배를 굶지는 않으리라 보았기 때문이다. 『술 권하는 사회』의 지식인은 비참한 현실에 좌절하여 술을 마시고, 『레드메이드 인생』의 지식인은 살아남기 위해 자식을 노동자로 만든다. 떠올릴수록 참담한 현실이다.

덕기는 법과 중에도 형법에 주력을 써서 장래에 변호사가 되겠다는 생각을 하고 있다. 형사 전문 변호사는 안 되더라도 어쨌든 조선 형편으로는 그것이 자기 사업으로 알맞을 것 같았다. 병화에게 언제인가 그런 말을 하니까,

"흥 자네는 전선의 후부에 있어서 적십자기 뒤에 숨어 있겠다는 말일세 그려?"

하고 비웃은 일이 있었다.

"군의총감이 되겠다는 말인가?"

병화는 이런 소리도 했다.

"군의총감이 아니라 일 간호졸이 되겠다는 말일세." 덕기가 이렇게 대거리를 하니까,

"간디도 변호사 출신이었다." 하고 짓궂이 놀렸다.

어쨌든 덕기는 무산운동에 대해야 무관심으로 냉담히 방관할 수 없고, 그렇다고

제일선에 나서서 싸울 성격도 아니요 처지도 아니니까 차라리 일 간호졸 격으로 변호사나 되어서 뒷일이나 보면 좋겠다는 생각이었다. 덮어놓고 크게 되겠다는 공상도 있지 않았으나 책상물림의 뒷방 서방님으로 일생을 마치기도 싫었다.

「삼대」 (염상섭)

　덕기는 사회에 무언가 도움이 되고 싶지만 앞장서고 싶지는 않다. 앞장섰다가 당할 탄압이 두렵기 때문이다. 그렇다고 아무 활동도 안 하자니 양심에 찔린다. '무산운동(無産運動)'에서 무산(無産)이란 생산수단이 없는 사람, 가난한 대중을 가리킨다. 즉 무산운동은 노동자 농민들이 사회 변혁을 위해 벌이는 운동이다. 무산운동은 일제가 가장 강력히 탄압했던 운동이었고, 사회주의 사상이 보급되던 1920년대 지식인들 상당수가 무산운동을 통해 새로운 세상을 만들려는 꿈을 꾸었다. 지식인 물을 먹은 덕기였기에 차마 양심에 찔려서 무산운동에 관심을 기울이지 않을 수는 없지만, 일제의 칼날이 무서워 앞에 나서지는 못하는 것이다.

　그래서 덕기가 택한 운동이 도움을 주는 역할, 즉 '심퍼사이저(동조자)'다. 심퍼사이저란 사회운동을 지지하기는 해도 적극 참여하지는 않고 도움만 주는 사람이다. 돈을 내거나 피해를 입지 않는 선에서 지원활동을 하는 이를 심퍼사이저라 했다.

　1920년대 이후 일제의 통치술은 상층과 하층을 분리하는 민족분열정책이었다. 농민을 비롯한 일반 백성들은 가혹하게 수탈하지만, 지식인이나 상층부의 이익은 철저히 보장해주었다. 1910년대 가혹한 일제통치 아래서 저항의식을 키우던 지식인들 중 일부는 일제의 분할통치술에 휘말려 일제에 협력하는 쪽으로 돌아선다. 이들은 처음에는 식민통치를 인정하고 '자치'를 하자는 운동을 벌였으나, 차츰 완전히 일제의 통치에 복종하는 친일파로 변했다.

심퍼사이저는 식민지 현실을 개선하고픈 꿈은 있었지만 일제가 두려웠다. 이 두려움이 문제였다. 결코 무너질 것 같지 않은 강대한 일본제국주의에 힘없는 한국이 맞서서 독립을 쟁취하리라고는 믿지 않았다. 믿음이 약해지고 두려움이 커지면서 심퍼사이저는 무산운동과 독립운동의 동조자로서 역할도 포기하게 된다. 나중엔 식민통치 체제 아래로 철저히 들어간다. 식민통치 체제 아래서 선택은 둘 중 하나였다. 저항하거나, 복종하거나! 그 중간은 없었다.

 창밖에 밤비가 속살거려
육첩방은 남의 나라

시인이란 슬픈 천명(天命)인 줄 알면서도
한 줄 시를 적어 볼까

땀내와 사랑 내 포근히 품긴
보내주신 학비 봉투를 받아

대학 노트를 끼고
늙은 교수의 강의를 들으러 간다.

생각해 보면 어린 때 동무들

하나, 둘, 죄다 잃어버리고

나는 무얼 바라

나는 다만, 홀로 침전하는 것일까?

인생은 살기 어렵다는데

시가 이렇게 쉽게 씌어지는 것은

부끄러운 일이다.

……(하략)……

「쉽게 씌어진 시」 (윤동주)

　　윤동주 시인은 부모님이 보내주신 학비로 일본에서 유학 생활을 했다. 자신은 어떤 상황에서도 시인일 수밖에 없는 운명을 받아들인다. 부모님의 땀내와 사랑이 담긴 학비를 받아 늙은 교수의 강의를 들으며 시 공부를 한다. 그러면서 어린 시절 동무들을 떠올린다. 그들은 가혹한 식민통치 아래서 고통을 당하고, 심지어 죽음을 당한다. 가혹한 식민지의 현실, 그 상황에서도 자신을 위해 애쓰시는 부모님, 추억조차 희미해지는 어릴 때 동무들~!

　　그런 와중에 자신은 독립에 도움이 될지 안 될지도 모르는 시를 쓰겠다며 일본인 늙은 교수에게 강의를 듣는다. 어찌 괴롭지 않겠는가? 이렇게 절박하고 처참한 상황에서 시인 윤동주는 시가 쉽게 손끝에서 나오는 것조차 죄스러워서 부끄러워한다. '하늘을 우러러 한 점 부끄럼 없기를' 바라는 순수한 영혼을 지닌 시인답게 윤동주는 엄혹한 현실에서 누리는 작은 편안함마저 부끄럽게 여기고 반성했다. 무기력도, 심퍼사이저와 같은 적당한 회피도 지식인으로서 책임을 다하는 것이 아니다. 시인 윤동주가 느끼는 철저한 부끄러움이야말로 식민지시대 한국의 지식인들이 갖추었어야 할 태도였다.

1890년대 프랑스는 '드레퓌스 사건'으로 시끄러웠다. 유태인이던 드레퓌스가 독일의 간첩 노릇을 해서 재판을 받았고 유죄를 선고받았다. 조금만 관심을 두고 보면 드레퓌스가 간첩이라는 주장은 터무니없었다. 그러나 드레퓌스를 변호하려고 나서는 이는 없었다. 유태인과 독일에 대한 적개심이 강했던 당시 프랑스 사회의 풍토에서 유태인인 드레퓌스가 독일의 간첩이 아니라고 변호하면 변호하는 사람조차 간첩으로 몰려 비난을 받기 때문이다. 자신의 인생을 걸지 않는 한 드레퓌스를 감싸고 나설 사람은 없었다. 그런데 그때 에밀 졸라가 드레퓌스를 변호하고 나선다. 에밀 졸라는 자신의 전 인생과 명예를 걸고 '나는 고발한다'는 글을 발표한다.

> "나의 불타는 항의는 바로 내 영혼의 외침이다. 그로 인해 법정에 끌려간다 해도 나는 기꺼이 받아들이겠다. 다만 모든 사람이 지켜보는 가운데 나를 심문해달라! 나는 기다리고 있겠다."
>
> **에밀 졸라 '나는 고발한다' 중에서**

에밀 졸라는 이 글로 인해 무수한 고통을 겪었다. 그동안 쌓아올린 명예가 무너졌고 수많은 비난과 위협에 시달렸다. 그럼에도 굴하지 않았다. 지식인은 진실을 위해 목숨을 걸어야 하는 사람이라고 믿었기 때문이다.

흔히 공부를 잘하면 다 자기가 노력한 탓이라고 믿는다. 그러나 밥 한 끼 먹는데도 수많은 사람의 도움이 필요하다는 것을 생각하면 공부를 잘해서 얻은 성과는 결코 자기 노력의 결과만이 아니다.

지식인은 사회가 쌓아올린 지식, 교육제도, 경제제도의 혜택을 가장 많이 본 사람이다. 혜택을 많이 본 사람은 책임도 크다. 더구나 수많은 민중이 고통당하는 식민지 한국에서 지식인은 특권을 누리는 계층이었다. 그들에게는 책임을 다할 의무가 있었다. 무기력과 동조자로서가 아니라 에밀 졸라와 같은 사람이 필요했다. 물론 에밀 졸라와 같은 길을 간 독립운동가도 많았다. 그러나 상당수 지식인들은 무기력했으며, 더 나아가 친일파가 되었다. 친일파가 되었으면 나중에라도 반성을 해야 할 텐데 '그때는 그럴 수밖에 없었다'면서 자신은 죄가 없다고 핑계를 대고 친일행위를 합리화했다.

지식인은 사회의 등불이다. 등불이 엉뚱한 곳을 비추면 뒤따르는 이들이 엉뚱한 곳으로 간다. 등불을 든 사람에겐 무거운 책임이 따른다. 공부 잘 해서 안정되게 살려는 꿈만 꾸는 학생들이 가득한 오늘날 대한민국의 현실은, 무기력한 지식인과 친일파들만 바글거렸던 식민지시대와 너무도 닮았다. 21세기 대한민국 학생들에게 윤동주의 '부끄러움'과 에밀 졸라의 '용기'를 기대한다고 하면 지나친 욕심일까?

6

전통문화, 무덤 속 조상과 함께 잠들고

「천변풍경·만세전·삼대·무녀도·고향 앞에서·박각시 오는 저녁 」

산업혁명의 힘으로 지구 전체를 정복한 서구 문명은 도시를 완전히 바꿔놓았다. 농촌은 크게 바뀌지 않았지만 도시는 빠른 속도로 변화하게 된다. 완전히 달라졌다. 여기 한 소년이 시골에서 살다가 산업화가 된 도시로 타임머신을 타듯 순간 이동을 한다. 그 소년의 눈에 비친 1930년대 서울의 풍경이다.

소년은, 드디어 그렇게도 동경하여 마지않던 서울로 올라오고야 말았다. 청량리를 들어서서 질펀한 거리를 달리는 승합자동차의 창 너머로, 소년이 본 것은 전차라는 물건이었다. 시골 '가평'서는 결코 볼 수 없었던 것이, 그야, 전차 한 가지가 아니다. 그래도 그는, 지금 곧, 우선 저 전차에 한 번 올라타 보았으면 한다. 그러나 아버지는 어린 아들의 감격을 일일이 아랑곳하지 않고, 동관 앞 자동차부에서 차를 내리자, 그대로 그를 이끌어 종로로 향한다.

소년은 한길 한복판을 거의 쉴 사이 없이 달리는 전차에 가, 신기하지도 아무렇지도 않은 듯싶게 올라타고 있는 수많은 사람들의 얼굴에, 머리에, 등덜미에, 잠깐 동안 부러움 가득한 눈을 주었다.

"아버지, 우린 전차 안 타요?"

"아, 바루 저긴데, 전찬 뭣하러 타니?"

아무리 바루 저기라도 잠깐 좀 타부면 어떠냐고, 소년은 적이 불평이었으니, 다음 순간, 그는 언제까지든 그것 한 가지에만 마음을 주고 있을 수 없게, 이제까지 시골구석에서 단순한 모든 것에 익숙하여 온 그의 어린 눈과 또 귀는 어지럽게도 바빴다.

······(중략)······

몇 번인가 아버지의 모양을 군중 속에 잃어버릴 뻔하다가는 찾아내고, 찾아내고 한 소년은 종로 네거리 광대한 건물 앞에 이르러, 마침내, 아버지의 팔을 잡았다.

"예가 무슨 집이에요, 아버지."

"저ㅡ, 화신상······ 화신상이란 데야."

"화신상요? 그래, 아무나 들어가요?"

"그럼, 아무나 들어가지."

그러나 아버지는 아들이 지금 그 안에 들어갈 것을 허락지 않았다. 그는 겨우내 생각하고 또 생각한 나머지 "마소 새끼는 시골로, 사람 새끼는 서울로."의 속담을 그대로 좇아, 아직 나이 어린 자식의 몸 위에 천만 가지 불안을 품었으면서도, '자식 하나, 사람 만들어 보겠다'고, 이내 그의 손을 잡고 한성(서울)으로 올라온 것이다.

「천변풍경」(박태원)

기차역, 전차, 승합자동차, 백화점, 넘치는 사람들, **빽빽한** 건물들은 도시의 상징이 되었다. 서울은 외래 문물의 유입과 더불어 **빠르게** 도시화되었고, 돈과 권력의 중심부가 되었다. 시골에 살던 이들은 더 나은 삶을 위해 직접 서울로 옮겨오거나, 자식을 서울로 보냈다. 외래 문물의 유입과 일제의 식민통치는 도시 풍경을 바꾸는 데에만 멈추지 않았다. 관습과 문화도 **빠르게** 변화시켰다. 그리고 그 문화는 기존 문화와 충돌을 일으켰다.

"죽으면 묻을 데가 없을까 봐서 그러세요. 공동묘지는 고사하고 화장을 하든 수장을 하든 상관없는 일이 아닌가요? 아버지께서는 공연히 그런 걱정을 하시지만, 이 바쁜 세상에 그런 걱정까지 하는 것은 생각해 볼 일이지요."

나는 이렇게 핀잔을 주고 눈살을 찌푸렸다.

"공연히가 무에 공연히란 말이냐?"

형님은 눈을 똑바로 뜨고 나를 꾸짖고 나서 말을 이었다.

"너도 지각이 났으면 생각을 해보렴. 총독부에서 공동묘지 제도를 설정한 것은 잘되었든 못 되었든 하는 수 없이 쫓아간다 하더라도 대대로 내려오는 자기의 선영(조상들의 무덤이 있는 산)이 남의 손에 들어가게 되고 게다가 앞길이 멀지 않으신 늙은 부모가 계신데, 불행한 일이 있는 날에는 어떻게 한단 말이냐? 그래 아버님 어머님 산소를 공동묘지에다가 모신단 말이 될 말이냐? 자식 된 도리는 그만두고라도 남이 부끄러워서 어떡한단 말이냐."

『**만세전**』 (염상섭)

동생은 조선의 장례문화가 마음에 들지 않는다. 사람이 죽으면 어디에 묻히든, 어떻게 장례를 치르든 아무런 상관이 없다는 의견이다. 반면, 형님은 조선 전통의 장례문화를 지키려 한다. 새로운 가치관을 접한 사람과 오래된 관습을 지키려는 사람 사이의 갈등은 꼭 식민지시대가 아니더라도 어느 때나 있기 마련이었다. 다만 식민지시대 공동묘지 문화는 일제 식민통치와 연결되어 있으므로 짚고 넘어갈 필요가 있다.

일본이 한국을 점령한 뒤 대규모 토지조사사업을 실시한다. 농지를 빼앗고, 수탈할 만한 자원이 있는 곳을 알아내기 위함이었다. 이 과정에서 일제는 국토 곳곳에 자리한 '묘지' 문제로 골치가 아팠다. 조상의 묘를 풍수가 좋은 곳에 써야 한다는 풍수사상이 널리 퍼져 있고, 조상의 시신을 잘 모셔야 한다는 풍습이 오랫동안 이어져 온 탓에 조상의 묘는 일제도 함부로 하기 어려운 골칫거리였다. 지배하고 있지만 '조상의 묘'를 함부로 처리하였다가는 목숨을 걸고 들고 일어날 세력이 여전히 존재하고 있기 때문이다.

그렇다고 묘지를 그대로 인정했다가는 조선을 수탈하려는 계획에 차질이 불가피했다. 철도와 도로를 놓으려 할 때마다 묘지가 걸리고, 광산을 개발하고 산림을 채벌하려 해도 묘지가 사업 추진에 걸림돌이 되었다. 없애자니 대규모 반발이 걱정이고, 그대로 두자니 사업 추진에 방해가 되는 골치 아픈 대상이 묘지였다. 또한 묘지는 사회 갈등의 한 원인이기도 했다. 좋은 곳에 묘지를 써야 한다는 믿음이 워낙 강했기에 사람들 사이에 분쟁과 갈등이 자주 일어난 탓이다. 일제는 어떻게든 이 문제를 해결할 필요를 절실히 느꼈다. 그리고 그 대안이 '공동묘지'였다.

1912년, 일제는 잘못된 미신을 없애고 보건 위생을 위한다는 등의 명분으로 '묘지-화장장-매장 및 화장 취제규칙'을 발표했다. 취제규칙에는 화장장을 실시할 수 있는 법률 근거와 공동묘지에 시신을 매장하라는 강제조항, 그리고 장례와 관련된 여러 가지 제도와 규칙이 담겨 있다. 특히 '공동묘지는 공공기관만이 설치할 수 있고, 시신은 무조건 공동묘지에 매장해야 한다'는 법은 가족과 문중묘지가 일반화된 당시 사회에 큰 충격을 주었다. 특히 양반 출신 계층을 중심으로 강력한 반발이 일었다.

1919년 3·1운동을 겪은 뒤 일제는 가족묘지와 문중묘지를 허락하는 형태로 취제규칙을 개정했다. 그러나 실제로 취제규칙의 제정이나 변경과 상관없이 가난한 서민들은 거의 공동묘지와 다름없는 곳에 시신을 매장했다. 가난한 서민들에게는 조상을 모실 땅이 따로 없었기 때문이다.

 '돈을 주고 양반을 사!'

이것이 상훈에게는 일종의 굴욕이었다. 그러나 조 의관으로서 생각하면 이때껏 자기가 쓴 돈은 자기 부친이 물려준 천량에서 범용한 것이 아니라 자수로 더 늘린 속에서 쓴 것이니까 아깝지도 않고 선고(돌아가신 아버지)의 혼령에 대해서도 떳떳하다고 자긍하는 것이다.

······ (중략) ······

"그런 소리 아예 말게. 자네는 천주학을 하니까 이런 일에는 반대인지 모르지만 조상 없이 우리 손이 어떻게 퍼졌으며 조상 모르는 사람이 이 세상에 어디 있단 말인가? 어떻게 우리도 그렇게 해서 남에 빠지지 않고 자자손손이 번창해 나가야 하지 않겠나."

창훈이는 못마땅한 것을 참느라고 더욱 이죽이죽 대거리를 한다.

"조가의 집이 번창하려고? 조상의 은덕을 입으려고?…… 하지만 꾸어 온 조상은 자기네 자손부터 돕는답디다……."

……(중략)……

영감은 얼굴이 발끈 취해 올라오며 윗목에 숙이고 섰는 아들을 쏘아본다.

"어서 가거라! 여기는 너 올 데가 아니야! 이 자식아! 나이 오십 줄에 든 놈이 철딱서니가 없이 무어 어쩌고 어째? 조상을 꾸어 왔어? 꾸어 온 조상은 자기네 자손만 도와?…… 배우지 못한 자식……!"

영감은 금세로 숨이 넘어가려는 사람처럼 헐떡거리며 벌건 목에 푸른 힘줄이 벌렁거린다. 상훈이는 여전이 고개를 숙이고 한구석에 섰다.

"너두 내가 낳아 놓은 자식이면 사람이겠구나? 부모의 혈육을 타고 났으면 조상은 알겠구나? 가사(가령) 젊은 애들이 주책없는 소리를 하더라도 꾸짖고 가르쳐야 할 것이 되레 철부지만도 못한 소리를 텅텅하니 이게 집안이 되려고 이러는 거란 말이냐? 안 되려고 이러는 거란 말이냐?

「삼대」 (염상섭)

조 의관은 양반 출신이 아니다. 악착같은 방법으로 돈을 벌었다. 돈을 벌었으니 이제 어엿한 양반 가문으로 행세하고 싶다. 그래서 족보를 사고, 자기 가문을 명문 양반 가문으로 바꾸는데 많은 돈을 들인다. 조 의관으로서는 그게 돌아가신 조상들을 제대로 모시는 길이고, 후손들을 위하는 길이라 믿는다. 그러나 새로운 학문을 배운 자식들은 생각이 다르다. 그들의 눈에 자신들의 조상도 아닌 다른 이들을 조상으로 모셔오기 위해 큰돈을 들이는 아버지의 선택이 납득이 안 간다. 그래서 '남의 조상을 모셔오면 남의 집 자식만 잘 되게 해준다'면서 비웃기까지 한다.

조선시대에서 멀지 않은 시기였던 식민지시대였기에 조선시대부터 내려온 풍습과 새롭게 들어온 풍습 사이에서 벌어지는 갈등은 필연이었다. 이런 갈등에서 시간은 새로운 풍습 편이었다. 시간이 흐르면서 대부분 새로운 풍습이 승리하고, 옛 풍습은 낡고 썩어빠진 것으로 취급되어 사라져 갔다.

김동리의 소설 『무녀도』는 전통의 믿음 중 하나였던 무속신앙과 새롭게 전해진 기독교가 빚는 충돌을 그렸다. 모화는 유명한 무당이다. 아들 욱이는 기독교를 깊이 믿는 신앙인이다. 떠나갔던 아들이 기독교 신자가 되어 돌아오면서 모화의 무속신앙과 욱이의 기독교신앙이 충돌한다. 둘의 충돌은 극단에 다다른다.

모화는 소박 단장에 쾌자까지 두르고 온갖 몸짓, 갖은 교태를 다 부려 가며 손을 비비다, 절을 하다, 덩싯거리며 춤을 추다 하고 있다. 부뚜막 위에는 접싯불(들기름의)이 켜져 있고, 접싯불 아래 놓인 소반 위에는 냉수 한 그릇과 흰 소금 한 접시가 놓여 있을 따름이다. 그리고 그 곁에는 지금 막 그 마지막 불꽃이 나 불거리고 난 새빨간 파란 연기 한 오리가 오르는 '신약전서'의 두꺼운 표지는 한 머리 이미 파리한 재가 되어 가고 있었다.

……(중략)……

다음 순간 자신도 모르게 방문을 뛰쳐나온 그는 부엌문을 박차고 들어가 소반 위에 차려 놓은 냉수 그릇을 집어 들려 하였다. 그러나 그가 냉수 그릇을 집어 들기 전에 모화의 손에는 식칼이 번득이고 있었고, 모화는 욱이와 물그릇 사이에 식칼을 두르며 조용히 춤을 추고 있는 것이었다.

······(중략)······

이때, 모화는 분명히 식칼로 욱이의 면상을 겨누어 치려하였다. 순간, 욱이는 모화의 칼날을 왼쪽 귓전에 느끼며 그의 겨드랑이 밑을 돌아 소반 위에 차려 놓은 냉수 그릇을 들어서 모화의 낯에다 그릇째 끼얹었다. 이 서슬에 불이 기울어져 봉창에 붙었다. 욱이는 봉창에서 방 안으로 붙어 들어가는 불길을 잡으려고 부뚜막 위로 뛰어올랐다. 그러자 물그릇을 뒤집어쓰고 분노에 타는 모화는 욱이의 뒤를 쫓아 칼을 두르며 부뚜막으로 뛰어올랐다. 봉창에서 방 안으로 붙어 들어가는 불길을 덮쳐 끄는 순간, 뒤 등허리가 찌르르하여 획 몸을 돌이키려 할 때 이미 피투성이가 된 그의 몸은 허옇게 이를 악물고 웃음 웃는 모화의 품속에 안겨져 있었다.

「무녀도」(김동리)

어머니와 아들 사이임에도 신앙의 차이로 인해 서로 칼부림까지 일어난다. 신앙의 차이는 그만큼 무섭다. 욱이는 죽고, 기독교는 모화가 사는 지방까지 교세를 넓힌다. 사람들은 모화 대신 교회로 가고 모화의 굿을 찾는 사람은 줄어든다. 새로운 신앙이 옛 신앙을 무너뜨린 것이다.

『무녀도』는 단지 종교에 관한 이야기가 아니다. 『무녀도』는 빠르게 변화하는 시대 상황 속에서 옛 관습과 새로운 관습의 충돌을 그린 작품이다. 관습은 오랫동안 형성된 하나의 거대한 체계다. 관습에는 의심이 허락되지 않는다. 오랫동안 익숙한 방식으로 살아왔기에 새로운 도전을 허락하지 않는다. 무슨 특별한 가치관이나 기막힌 논리로 무장해서 죽어라고 지키는 것이 아니다. 단지 익숙하기 때문에 바뀌지 않을 뿐이다. 움직이지 않는 물체는 계속 그 자리에 머물려 하고, 움직이는 물체는 계속 움직이려고 하는 성질이 관성의 법칙이다. 관습은 지금 상태 그대로 계속 머무르려는 강력한 관성이다.

새로운 관습은 옛 관습에 도전한다. 새로운 방식이 더 낫다는 논리에 기대어 관습에 덜 물든 새로운 세대를 통해 퍼져나간다. 옛 관습에 익숙한 사람들에게 새로운 관습을 따르는 이들은 용납하기 어려운 대상이다. 그래서 옛 관습과 새로운 관습의 갈등은 필연이다. 충돌 이후 두 관습이 서로 타협을 해서 새로운 관습이 생기기도 하지만, 새로운 관습이 완전히 승리하기도 한다. 옛 관습이 승리하는 경우는 별로 없다. 새로운 세대는 자라고, 옛 세대는 늙어가기 때문이다.

식민지시대는 조선시대의 옛 관습이 급격히 무너진 시기였다. 새 관습은 건강함과는 거리가 멀었는데, 일제가 식민통치를 위해 강제로 이식했기 때문이다. 일제의 강제 이식으로 인해 옛 관습 중에서 계승해도 좋을만한 관습이 대부분 사라졌다. 민족의 뿌리가 송두리째 잘려나간 것이다.

 흙이 풀리는 내음새

강바람은
산짐승의 우는 소릴 불러
다 녹지 않은 얼음장 울멍울멍 떠내려간다.

진종일
나룻가에 서성거리다
행인의 손을 쥐면 따뜻하리라

고향 가까운 주막에 들러

누구와 함께 지난날의 꿈을 이야기하랴

양귀비 끓여다 놓고

주인집 늙은이는 공연히 눈물 지운다.

간간이 잔나비 우는 산기슭에는

아직도 무덤 속에 조상이 잠자고

설레는 바람이 가랑잎을 휩쓸어 간다.

예제로 떠도는 장꾼들이여!

상고(商賈)하며 오가는 길에

혹여나 보셨나이까

전나무 우거진 마을

집집마다 누룩을 디디는 소리, 누룩이 뜨는 내음새……

「고향 앞에서」 (오장환)

고향 앞에 선 나그네를 떠올려 보자. 고향을 앞에 두고 나룻가에서 하루 종일 서성거린다. 고향 가까운 주막에 들러 지난날의 꿈을 이야기하고 싶지만 이야기를 나눌 만한 사람도 없다. 주인집 늙은이는 고향을 그리워하며 눈물을 흘린다. 자신이 그리워하는 고향은 그대로가 아니라는 점을, 오직 조상의 무덤만이 옛 고향임을 알려준다. 그래서 더욱 쓸쓸하고 외롭다. 여기저기로 떠도는 장사꾼들에게 혹시 옛날 옛적 정취가 살아있는 내 고향을 물어볼 뿐이다.

고향은 단지 태어난 곳이 아니다. 사랑과 추억이 있는 곳이다. 전통을 간직하고 푸근한 안식을 준다. 어릴 때 자랐던 고향은 어른이 되면서 떠났지만, 늙으면 다시 돌아가 안식을 얻고 싶다. 그러나 이제 돌아갈 고향은 없다. 어릴 적 추억이 어린 고향은 사라지고 없다.

고향은 어린 시절 익숙했던 풍습을 의미하기도 한다. 낡은 느낌을 주지만 다정하고 편안한 풍습이다. 옛날이 다 좋지도 않지만 옛날이라고 다 나쁘지도 않다. 성인이 되면서 새로움을 찾아 나서고 옛 풍습을 낡았다고 저버리지만, 몸과 마음이 지치면 인간은 고향의 품에 안기 듯 옛 풍습의 안락함에 묻혀 편하게 쉬고 싶다.

식민지시대, 유독 떠돌아다니던 이들이 많았고, 새로운 문화가 낡은 문화를 파괴해버리는 일이 잦았던지라 고향을 잃어버린 이들이 많았다. 힘겨울 때 고향에 돌아가 쉬고 싶었지만 안식의 공간은 이미 거기에 없었다. 옛 풍습은 사리지고 삭막함만 인생길에 기다릴 뿐이다. 일제가 빼앗아 간 것은 단지 생명과 자원만이 아니다. 지친 몸을 쉬고 안길 최후의 안식처마저 일제는 빼앗고 파괴했다.

 당콩밥 가지냉국의 저녁을 먹고 나서

바가지꽃 하이얀 지붕에 박각시 주락시 붕붕 날아오면

집은 안팎 문을 횅하니 열어 젖기고

인간들은 모두 뒷등성으로 올라 멍석자리를 하고 바람을 쐬이는데

풀밭에는 어느새 하이얀 대림질감들이 한불 널리고

돌우래며 팟중이 산 옆이 들썩하니 울어댄다

이리하여 하늘에 별이 잔콩 마당 같고

강낭밭에 이슬이 비 오듯 하는 밤이 된다.

「박각시 오는 저녁」(백석)

한여름 밤, 자연과 사람이 정겹게 어우러진 시골 풍경이 펼쳐진다. 이게 고향이다. 이게 우리의 전통이고, 돌아가고 싶은 향수다.

그립지 않은가? 이런 삶이.

서럽지 않은가? 이런 삶을 잃어버렸다는 것이.

7

친일파의 시대, 지금이 태평천하다

「치숙·태평천하·해방전후·거문고·그날이 오면」

같은 시대를 산다고 해서 똑같이 고통을 당하지는 않는다. 같은 학교에 다닌다고 해서 모두 똑같은 경험을 하지도 않고, 똑같이 사고하지도 않는다. 식민지시대도 마찬가지였다. 대다수 백성들에게 식민지는 지옥이었지만 어떤 이들에게 식민지는 기회요 축복이었다.

내지(일본) 여자가 참 좋지요. 나는 죄선 여자는 거저 주어도 싫어요. 구식 여자는 얌전은 해도 무식해서 내지인하고 교제하는 데 안됐고, 신식 여자는 식자나 들었다는 게 건방져서 못쓰고, 도무지 그래서 죄선 여자는 신식이고 구식이고 다 제바리여요. 내지 여자가 참 좋지 뭐. 인물이 개개 일자로 이쁘겠다, 얌전하겠다, 상냥하겠다. 지식이 있어도 건방지지 않겠다. 좀이나 좋아!

그리고 내지 여자한테 장가만 드는 게 아니라 성명도 내지인 성명으로 갈고 집도 내지인 집에서 살고 옷도 내지 옷을 입고 밥도 내지인 식으로 먹고 아이들도 내지인 이름을 지어서 내지인 학교에 보내고……. 내지인 학교라야지 죄선 학교는 너절해서 아이들 버려 놓기나 꼭 알맞지요. 그리고 나도 죄선말(한국어)은 싹 걷어치우고 국어(여기선 일본어)만 쓰고요. 이렇게 다 생활법식부터도 내지인처럼 해야만 돈도 내지인처럼 잘 모으게 되거든요.

『치숙』(채만식)

『치숙』의 '화자'는 일제의 지배를 달게 받아들인다. 일제에 이런저런 불만이 많은 아저씨를 어리석다고 여긴다. 소설 제목인 『치숙』(痴叔)은 '어리석은 아저씨'란 뜻이다. 일제 식민통치가 얼마나 좋은데 어리석게 저항하냐는 뜻이 '치숙'이란 표현에 담겼다. 물론 채만식은 이를 반어로 사용한다. 치숙을 비판하는 화자가 얼마나 어리석은지를 화자의 말을 통해, 풍자의 방식으로 비꼰다.

일제가 너무 좋은 나머지 이 글의 화자는 일본 여자와 결혼하기를 원한다. 조선 여자는 구식 여자든, 신식 여자든 다 싫다고 한다. 창씨개명을 해서 일본식 이름으로 바꾸고, 일본식 집에서, 일본식 옷을 입고, 밥도 일본식으로 하고, 심지어 말도 일본말(국어)만 하고, 애들은 일본인 학교에 보내려 한다. 그래서 돈 많이 벌어서 일본인들처럼 떵떵거리며 사는 게 꿈이다.

채만식은 '치숙'이라는 말 속에서 어리석은 사람은 '아저씨'가 아니라 '친일파'임을 말한다. 고통받는 백성들을 외면하고, 오직 자기 안위만 위해, 일제가 시키는 대로 살려고 하는 이들을 어리석다고 비판한다. 아무리 친일파가 안락을 누려도 그 안락은 노예의 안락이기 때문이다. 노예는 편안해도 언제든지 주인의 마음에 따라서 누리던 것을 잃고 추락할 수 있다. 노예는 아무리 편해 봐야 노예일 뿐이다.

여기 일제 식민통치를 찬양하는 또 한 사람이 있다.

일찍이 윤 직원 영감은 그의 소싯적 윤 두꺼비 시절에, 자기 부친 말 대가리 윤영규가 화적의 손에 무참히 맞아 죽은 시체 옆에 서서, 노적(쌓아둔 곡식)이 불 타느라고 화광(불빛)이 충천한 하늘을 우러러,

"이놈의 세상, 언제나 망하려느냐?"

"우리만 빼놓고 어서 망해라."

하고 부르짖은 적이 있겠다요.

……(중략)……

"……그럼 쳐죽일 놈이, 깎아 죽여두 아깝잖을 놈이! 그놈이 경찰서장 하라닝개 루 생판 사회주의 허다가 뎁다 경찰에 잽혀? 으응?…… 오―사 육시를 할 놈이, 그놈이 그게 어디 당헌 것이라구 지가 사회주의를 하여? 부자 놈의 자식이 무 엇이 대껴서 부랑당패에 들어?"

아무도 숨도 크게 쉬지 못하고, 고개를 떨어뜨리고 섰기 아니면 앉았을 뿐, 윤 직원 영감이 잠깐 말을 그치자 방 안은 물을 친 듯이 조용합니다.

"……오죽이나 좋은 세상이여? 오죽이나……."

윤 직원 영감은 팔을 부르걷은 주먹으로 방바닥을 땅― 치면서 성난 황소가 영 각을 하듯 고함을 지릅니다.

"화적패가 있다더냐? 부랑당 같은 수령들이 있더냐?…… 재산이 있대야 도적놈 의 것이요, 목숨은 파리 목숨 같던 말세는 다 지내 가고오…… 자 부아라(보아라), 거리거리 순사요, 골골마다 공명한 정사(政事), 오죽이나 좋은 세상이여……, 남 (일본)은 수십만 명 동병(군인을 일으켜)을 히여서, 우리 조선 놈 보호히여 주니, 오 죽이나 고마운 세상이여? 으응……? 제 것 지니고 앉어서 편안하게 살 태평 세

상, 이걸 태평천하라구 하는 것이여, 태평천하!…… 그런데 이런 태평천하에 태어난 부자 놈의 자식이, 더군다나 지가 떵떵거리구 편안허게 살 것이지, 어찌서 지가 세상 망쳐 놀 부랑당패에 참섭(간섭)을 헌담 말이여, 으응?"

「태평천하」 (채만식)

부자에 친일파인 윤 직원에게 일제 강점기는 억압의 시대가 아니라 태평천하. 그로서는 경찰서장을 하라고 유학을 보낸 손자가 사회주의 운동을 하다가 경찰에 잡힌 것이 납득이 되지 않는다. 자기 아버지를 죽인 도적떼들을 일제가 모조리 없애버린 세상, 일제 경찰이 모든 치안을 담당하는 시대, 떵떵거리며 살아도 아무도 위협하지 않는 시대, 말 그대로 다시없는 태평천하인데 도대체 손자는 왜 저항을 한단 말인가?

윤 직원에게 식민지 수탈이란 남 얘기였다. 억압받는 백성들의 처지는 눈에 들어오지도 않았다. 억압받는 백성의 처지에 공감한 손자의 맑은 심성을 윤 직원은 도저히 이해할 수 없었다. 친일파와 독립운동가의 생각은 이렇게 완전히 다른 세계에 속한다. 친일파와 독립운동가는 같은 세상을 살았지만 결코 같은 세상을 산 게 아니며, 같은 사회를 보았지만 결코 같은 사회를 보지 않았던 것이다. 사람은 자기가 보고 싶은 것만 보고, 자신의 처지에서 사건을 대한다. 친일파들의 눈에 억압과 수탈은 없었다. 일제에 충성하기만 하면 부귀와 영화가 주어지는데 그 어떤 친일파가 사회에 불만이 있겠는가? 윤 직원뿐 아니라 친일파들에게 일제강점기는 다시없는 태평천하였다.

형사는 그제야 무슨 뚜껑 있는 서류를 끄집어내어 뚜껑으로 가리고, 저만 들여다보면서 이렇게 물었다.

"시국을 위해 왜 아모 것도 안 하십니까?"

"나 같은 사람이 무슨 힘이 있습니까?"

"그러지 말구 뭘 좀 허십시오. 사실인즉 도 경찰부에서 현 선생 같으신 몇 분에게, 시국에 협력하는 무슨 일 한 것이 있는가? 또 하면서 있는가? 장차 어떤 방면으로 시국 협력에 가능성이 있는가? 생활비가 어디서 나오는가? 이런 걸 조사해 올리란 긴급 지시가 온 겁니다."

"글쎄올시다."

하고, 현은 더욱 민망해 쓰루다의 얼굴만 쳐다보는 수밖에 없었다.

"그래두 뭘 허신다구 보고가 돼야 좋을 걸요? 그 허기 쉬운 창씬(創氏. 창씨개명) 왜 안 허시나요?"

수속이 힘들어 못 하는 줄로 딱해하는 쓰루다에게 현은 역시 이것에 관해서도 대답할 말이 없었다.

"우리 따위 하층 경관이야 뭘 알겠습니까만, 인전 누구 한 사람 방관적 태도는 용서되지 않을 겁니다."

"잘 보신 말씀입니다."

현은 우선 이번의 호출도 그 강압 관념에서 불안해하던 구금(拘禁)이 아닌 것만 다행히 알면서 우물쭈물하던 끝에,

"그렇지 않아도 쉬 뭘 한 가지 해 보려던 참니다. 좋도록 보고해 주십시오."

하고 물러나왔고, 나오는 길로 그는 어느 출판사로 갔다. 그 출판사의 주문이기보다 그곳 주간(主幹)을 통해 나온 경무국(警務局)의 지시라는, 그 뿐만 아니라 문인 시국 강연회 때 혼자 조선말로 했고, 그나마 마지못해 춘향전 한 구절만 읽

은 것이 군(軍)에서 말썽이 되니 이것으로라도 얼른 한 가지 성의를 보여야 좋으리라는 『대동아전기(大東亞戰記)』의 번역을 현은 더 망설이지 못하고 맡은 것이다.

……(중략)……

'철 알기 시작하면서부터 굴욕만으로 살아 온 인생 사십, 사랑의 열락도, 청춘의 영광도, 예술의 명예도 우리에겐 없었다. 일본의 패전기라면 몰라, 일본에 유리한 전기(戰記)를 내 손으로 주무르는 건 무엇 때문인가?'

현은 정말 살고 싶었다. 살고 싶다기보다 살아 견디어 내고 싶었다.

『해방전후』 (이태준)

현은 글을 쓰는 작가다. 친일파는 아니다. 창씨개명도 하지 않았다. 그렇다고 독립운동가도 아니다. 양심에 찔려서 일제에 적극 협력하지는 않지만 저항도 하지 않는 어정쩡한 사람이다. 그러나 일제는 그런 현을 그대로 두지 않는다. 과연 현이 일제에 진짜 충성하는지 확인하려 한다. 시국 강연회 때 혼자 조선말을 하고, 춘향전 한 구절을 읽는 식으로 회피하는 것은 더 이상 용납되지 않는다. 할 수 없이, 살아남기 위해 일본을 찬양하는 『대동아전기』를 번역하기로 한다.

현은 태어나면서부터 식민지를 겪었다. 자유로워 본 적이 없다. 늘 굴종을 몸에 달고 살았다. 사랑과 청춘, 예술의 명예를 누리기 위해서라도 꼭 살아남아야 한다. 태평양전쟁이 점점 더 격렬해지는 상황에서 현은 오직 살아남기 위해 최소한의 협조만 한다. 현과 같은 사람이 일제 말기에 가면 꽤 많았다. 『태평천하』, 『치숙』, 『탁류』를 쓴 작가 채만식도 살아남기 위해 어쩔 수 없이 일제 말기에 친일 색깔이 담긴 글을 쓰기도 했다.

과연 살아남기 위해 어쩔 수 없이 협조한 이들을 친일파라 평가해야 할까? 분명 쉽게 결론 내리기 어려운 문제다. 어쩔 수 없는 처지에 몰려 일제에 어정쩡하게 협력한 이들은 분명 있었다. 그러나 일제에 협력한 자들이 전부, 어쩔 수 없이, 찔끔 일제에 협력한 것은 아니다. 일제에 적극 협력하여 부귀와 권력을 누리고, 독립운동가들을 잡아가두고, 백성들을 수탈하던 자들은 누가 뭐래도 명백한 친일파다. 명백히 친일, 아니 민족을 배신했으면서도 해방 뒤 수많은 친일파들이 자신은 어쩔 수 없이 했다거나, 사실은 독립운동을 했다는 억지를 부렸다. 돌아가신 독립운동가들과 친일파에 의해 희생된 조상님들이 무덤 속에서 벌떡 일어날 일이 해방 뒤에 벌어졌다.

 ······(생략)······

바깥은 거친 들 이리떼만 몰려다니고
사람인 양 꾸민 잔나비떼들 쏘다니어
내 기린은 맘 둘 곳 몸 둘 곳 없어지다.

문 아주 굳이 닫고 벽에 기대선 채
해가 또 한 번 바뀌거늘
이 밤도 내 기린은 맘 놓고 울들 못한다.

「거문고」 (김영랑)

일제는 이리떼다. 잔나비떼는 친일파들이다. 친일파들은 한국 사람인 양 꾸미지만 사람이 아닌 자들이다. 이리떼도 무섭지만 사람인 양 꾸민 잔나비떼는 더욱 무섭다. 이리떼와 잔나비떼가 두려운 순박한 백성들

(기린)은 마음도 몸도 둘 곳이 없다. 문을 굳게 닫고서도 마음 놓고 울지도 못한다.

새벽이 가까워 올수록 어둠이 깊다지만 어둠 속에 있는 이에게 깊은 어둠은 절망과 좌절만 안긴다. 도대체 이 어둠 끝에 새벽이 올까? 새벽이란 게 과연 있기는 한 걸까?

 그날이 오면 그날이 오면은

삼각산이 일어나 더덩실 춤이라도 추고,

한강 물이 뒤집혀 용솟음칠 그날이,

이 목숨이 끊기기 전에 와 주기만 한다면,

나는 밤하늘에 나는 까마귀와 같이

종로의 인경을 머리로 들이받아 울리오리다.

두개골 깨어져 산산조각이 나도

기뻐서 죽사오매 오히려 무슨 한이 남으오리까.

……(생략)……

『그날이 오면』(심훈)

식민지의 어둠이 얼마나 견디기 힘들었으면, 얼마나 독립을 애타게 바랐으면 두개골이 깨어져 산산조각 나도 기쁘게 죽겠다고 노래하겠는 가? 이 목숨이 끊어지기 전에 오기만 한다면야 아무런 한이 없다고 할 만큼 의식 있는 이들에게 독립은 간절한 소망이었다.

과연 식민통치의 깊은 어둠을 뚫고 독립을 여는 태양은 떠오를까? 과연 빛이 다시 찾아오는 광복(光復)이 한국에도 깃들까? 그날이 올까?

물론 지금 우리는 그날이 왔음을 안다. 그러나 1945년 8월 15일 이전의 한국인들에게 그날은 아득하기만 하였다.

2부

1945~1960

분열과 전쟁의 시대,

인간성을

시험하다

1987

1910

까칠한
문학속
친절한
현대사

필자의 아버지는 10대 때 이미 동네에서 알아주는 일꾼이었다. 아버지는 남해안에 위치한 고흥반도 입구에 있는 '대서'라는 곳에서 사셨다. 대서는 고흥군에 속하지만 태백산맥의 중심 무대인 벌교와 가깝고, 녹차로 유명한 보성이 바로 옆이다. 오지는 아니지만 대한민국 역사의 중심에는 한 번도 등장한 적 없는 구석진 곳이다. 그런 외딴 곳에도 좌우 분열과 대립의 파도가 덮쳤다.

필자가 아주 어릴 때는 산으로 나무를 하러 많이 다녔다. 어느 날 아버지와 함께 어떤 숲을 지나가는데 아버지가 깊은 계곡을 한참 들여다보셨다.

"저기서 많은 사람이 죽었다. 총살을 당했다. 이곳저곳에서 끌려온 사람들이……. 나도 끌려갈 뻔했는데 겨우 살았다."

계곡은 10여m 깊이로 기울기는 45도 정도였다. 자연스럽게 만들어진 계곡이라기보다는 비가 많이 와서 산사태가 난 듯이 무너져서 형성된 곳이었다.

"총을 든 사람들이 이곳저곳을 뒤지고 다니며 젊은 사람들을 끌고 갔다. 그때 할머니가 뒤뜰에 있는 작은 토굴로 나를 들어가게 했다. 쌀 몇 주먹이랑 물을 싸들고 토굴로 들어갔다. 입구는 막아서 겨우 숨만 쉬게 했지. 그렇게 한 일주일 버텼다. 생쌀을 씹으며 허기를 달랬고, 물이 떨어지자 오줌을 받아서 먹었다."

필자는 고구마를 묻어두는 뒤뜰의 토굴을 떠올렸다. 거기서 일주일을 생쌀과 몇 모금의 물로 버티는 장면을 상상했다. 거기다 오줌이라니……. 또다시 헛구역질이 나왔다. 나라면 버틸 수 있을까? 자신이 없었다.

"버텨야지. 안 그러면 죽으니까. 할머니는 총을 든 사람들이 완전히 사라지고 끌려간 사람들이 땅에 묻힌 뒤에야 토굴 흙을 젖혔다. 그때 본 하늘과 할머니의 얼굴이 지금도 기억난다."

"그때가 아마 여순사건 때였을 거다. 무슨 반란이 일어났다고 떠들썩했는데 그게 남 일인 줄 알았다. 나야 농사만 짓고 있으니 별일 없을 거라 믿다가 큰일 날 뻔했다. 그 뒤로 이 근방에서는 난리통에도 사람이 죽지 않았다."

"난리통이라 함은 6·25 말인가요?"

"그래 6·25사변! 그때는 다들 입을 다물고 가만히 있었다. 어느 쪽 편을 들었다가는 어떻게 될지 몰랐거든. 그러니 너도 나서지 마라. 중간에 있는 게 가장 좋은 거다. 그래야 살아남는다."

아버지는 이쪽도 저쪽도 아닌 위치에 서서 침묵하는 것이 대한민국에서 가장 좋은 생존기술임을 몇 번이고 강조하셨다. 아버지의 생존기술은 단지 아버지만의 생존기술이 아니었다. 분열과 전쟁의 시기를 겪은 이들은 중간이 얼마나 생존에 유리한지 터득했다. 안타깝기는 하지만 백성들이 터득한 생존기술은 한국의 민주화와 문화 발전을 방해하는 가장 큰 장벽이 되었다. 1940~50년대뿐 아니라 지금까지도.

1
해방, 해는 떴으나 어둠은 가시지 않았다

『꽃덤불·논 이야기·해방전후·두 파산·어둠의 혼·미망(未忘)』

빛이 다시 왔다. 어둠의 시간이 가고, 죽음의 시절이 가고, 양들을 산 채로 잡아먹던 승냥이떼가 쫓겨나고, 아침빛이 다시 왔다. 1945년 8월 15일은 빛이 다시 찾아온 날이어서 광복(光復)절이다.

 ······(생략)······

그러는 동안에 영영 잃어버린 벗도 있다.

그러는 동안에 멀리 떠나버린 벗도 있다.

그러는 동안에 몸을 팔아버린 벗도 있다.

그러는 동안에 맘을 팔아버린 벗도 있다.

그러는 동안에 드디어 서른 여섯 해가 지나갔다.

다시 우러러보는 이 하늘에

겨울밤 달이 아직도 차거니

오는 봄엔 분수처럼 쏟아지는 태양을 안고

그 어느 언덕 꽃덤불에 아늑히 안겨보리라.

「꽃덤불」 (신석정)

　식민지를 거치며 영영 잃어버린(죽은) 벗도 있고, 멀리 떠나버린 벗도 있고, 살기 위해 일본에 몸을 판 변절자가 된 벗도 있고, 마음까지 송두리채 일본으로 넘어간 자들도 있었다. 그렇게 서른여섯 해(실제로는 35년)가 지나가고 광복이 왔다. 아직 겨울밤 달처럼 사회가 환해지진 않았지만, 이제 곧 올 봄볕의 태양 아래서 꽃덤불 속에 안기듯 행복하고 싶었다. 그리고 꽃덤불에서 뒹굴 날이 머지않았다고 다들 믿었다. 박두진 시인이 「해」에서 노래했듯이 '꽃도 새도 짐승도 한 자리에 앉아 앳되고 고운 날'을 누릴 줄 알았다. 그러나 아니었다. 민족과 민족 사이에서 벌어진 분열과 대립은 이 땅을 다시 깊은 어둠으로 몰아넣었다. 독립을 맞이했지만 진정한 광복은 오지 않았다.

　물론 일본이 항복을 하였으니 전쟁은 끝이 난 것이요, 전쟁이 끝이 났으니 벼 공출을 비롯하여 솔뿌리 공출이야, 마초 공출이야, 채소 공출이야, 가지가지의 그 억울하고 성가신 공출이 없어지고 말 것이었다.
　또, 열여덟 살배기 손자 놈 용길이가 징용에 뽑혀 나갈 염려가 없을 터이었다. 얼마나 한생원은, 일찍이 아비를 여의고, 늙은 손으로 여태껏 길러 온 외톨 손자 놈 용길이가 징용에 뽑히지 말게 하려고, 구장과 면의 노무계 직원과, 부락 담당 직원에게 굽은 허리를 굽실거리며 건사(부탁)를 물고 하였던고. 굶는 끼니를 더 굶어 가면서 그들에게 쌀을 보내어 주기, 그들이 마을에 얼찐하면(나타나면) 부랴 부랴 청해다 씨암탉 잡고 술대접하기, 한참 농사일이 몰릴 때라도, 내 농사는 손이 늦어도 용길이를 시켜 그들의 논에 모 심고 김 매어 주고 하기. 이 노릇에 흰 머리가 도로 검어질 지경이요, 빚은 고패가 넘도록 지고 하였다.(큰 빚을 졌다)

하던 것이 인제는 전쟁이 끝이 났으니, 징용 이자는 싹 씻은 듯 없어질 것. 마음 턱 놓고 두 발 쭉 뻗고 잠을 자도 좋았다. 이런 일을 생각하면 한생원도 미상불 다행스럽지 아니한 것은 아니었다. 그러나 오직 그뿐이었다.

독립? 신통할 것이 없었다. 독립이 되기로서니, 가난뱅이 농투성이(농사꾼)가 별안간 나으리 주사 될 리 만무하였다. 가난뱅이 농투성이가 남의 세토(貰土:소작) 얻어 비지땀 흘려 가면서 일 년 농사 지어 절반도 넘는 도지(소작료) 물고, 나머지로 굶으며 먹으며 연명이나 하여 가기는 독립이 되거나 말거나 매양 일반일 터이었다.

「논 이야기」 (채만식)

한생원은 독립을 맞았지만 만세를 부르지 않는다. 만세를 부를 뻔(!) 하였지만 결국 만세를 부르지 않는다. 물론 한생원도 광복이 기쁘기는 하다. 먼저 성가신 공출이 사라져서 기쁘다. 쌀, 말 먹이, 채소, 솔뿌리 등 별의별 물건들을 일제가 빼앗아가면서 겪는 고통이 말이 아니었는데 그런 공출이 없어졌으니 기쁘다. 다음으로 손자인 용길이 징용에 뽑혀 나갈 염려가 사라져서 기쁘다. 용길을 지키기 위해 굽실거리고, 담당 직원들을 대접하려고 빚을 내고, 담당 직원들 농사를 대신 지어주기까지 했다. 이제 일제가 망했으니 용길은 안전하다. 무엇보다 기쁜 일이다. 그러나 딱 거기까지다.

독립을 했다고 해서 '광복'까지 될 리가 없다는 걸 알기 때문이다. 한생원은 가난뱅이 농사꾼이다. 남의 땅 빌려서 일하는 소작인이다. 일 년 농사 힘들게 지어서 절반을 지주에 바치고 나머지로 겨우 먹고 사는 힘겨운 삶은 독립이 되어도 그대로다. 한생원에게 진정한 광복은 자기 땅에서 자기가 흘린 땀의 대가를 정당하게 보상받는 것이다. 독립이 광복이 되기 위해서는 한생원 같은 소작인들의 삶이 나아져야 했다. 독립을 기뻐한 이들은 바로 이것을 기대했다. 한생원도 잠깐 동안 자신의 땅이 생길 거라 기대하고 독립을 진정으로 좋은 일로 여기기도 했다. 그러나 현실은 달랐다.

일인의 재산을 조선 사람에게 판다. 이런 소문이 들렸다. 사실이라고 한다면 한생원은 그 논 일곱 마지기를 돈을 내고 사지 않고서는 도로 차지할 수가 없을 판이었다. 물론 한생원에게는 그런 재력이 없거니와, 도대체 전의 임자가 있는데 그것을 아무나에게 판다는 것이 한생원이 보기에는 불합리한 처사였다.

한생원은 분이 나서 두 주먹을 쥐고 구장에게로 쫓아갔다.

"그래 일인들이 죄다 내놓구 가는 것을, 백성들더러 돈을 내구 사라구 마련을 했다면서?"

"아직 자세힌 모르겠어두, 아마 그렇게 되기가 쉬우리라구들 하드군요."

해방 후에 새로 난 구장의 대답이었다.

"그런 놈의 법이 어딨단 말인가? 그래, 누가 그렇게 마련을 했는구?"

"나라에서 그랬을 테죠."

"나라?"

"우리 조선나라요."

"나라가 다 무어 말라비틀어진 거야? 나라가 명색이 내게 무얼 해준 게 있길래, 이번엔 일인이 내놓구 가는 내 땅을 저이가 팔아먹으려구 들어? 그게 나라야?"

"일인의 재산이 우리 조선나라 재산이 되는 거야 당연한 일이죠."

"당연?"

"그렇죠."

"흥, 가만 둬두면 저절루 백성의 것이 될 걸 나라 명색은 가만히 않았다 어디서 툭 튀어나와 가지구, 걸 뺏어서 팔아먹어? 그따위 행사가 어딨다든가?"

……(중략)……

"일없네. 난 오늘버틈 도루 나라 없는 백성이네. 제길, 삼십육 년두 나라 없이 살아왔을려드냐. 아니 글쎄, 나라가 있으면 백성한테 무얼 좀 고마운 노릇을 해주어야 백성두 나라를 믿구, 나라에다 마음을 붙이구 살지. 독립이 됐다면서 고작 그래, 백성이 차지할 땅 뺏어서 팔아먹는 게 나라 명색야?"

그러고는 털고 일어서면서 혼자말로,

"독립됐다구 했을 제, 내, 만세 안 부르기, 잘했지."

『논 이야기』 (채만식)

한생원은 자신이 가지고 있던 땅을 일본인에게 팔았다. 일본인들이 쫓겨나자 한생원은 그 땅이 당연히 자기 땅이 될 줄 알았다. 그동안 고통당한 농부들이 일본인이 남기고 간 땅을 차지하는 것이 당연하다고 믿었다. 그런데 아니었다. 갑자기 불쑥 '나라'라는 것이 나타나 땅을 돈을 주고 사라고 한다. 대다수 농민들은 한생원처럼 땅을 살만한 돈이 없었다.

농민들의 실망은 이만저만이 아니었다. 한생원은 '나라가 백성에게 고마운 노릇을 해야 백성이 나라를 믿고 따른다'고 말하며, 백성이 차지할 땅을 빼앗는 나라는 내 나라가 아니라고 거부한다. 한생원이 조금 심하게 말한 면도 있지만, 대다수 힘들게 살아가는 백성들 처지에서 한생원의 말은 공감을 받을 만한 생각이었다.

백성의 대다수가 농민인 상황에서 해방 뒤 농사짓는 농민들에게 토지를 되돌려주는 일은 가장 중요한 정부의 과제였다. 소작료를 50% 이상 거둬가는 지주-소작제는 농민들을 가난으로 내모는 근본 원인이었다. 지주-소작제를 없애고 토지를 실제 농사짓는 농민에게 돌려주어야 대다수 백성들의 삶이 개선될 수 있었다.

1948년 남한에 단독으로 수립된 대한민국 정부는 1950년, 농지개혁을 실시한다. 한생원과 같은 농민들이 지지했던 '무상몰수-무상분배' 방식 대신 지주들의 땅을 정부가 돈을 주고 산 뒤 다시 농민들에게 돈을 받고 파는 '유상몰수-유상분배' 형태였다. 3정보(1정보=9,917.4㎡) 이상을 소유한 지주에게 연 수확량의 150%를 5년 동안 보상하는 지가증권을 주었고, 토지를 받은 농민은 수확량의 30%를 5년 동안 현물이나 현금으로 내게 하였다. 농지개혁의 결과 지주가 사라지고 농민들의 토지 소유가 확립되기도 했으나, 농지개혁을 하기 전에 지주들이 돈을 받고 땅을 미리 팔아버려서 농지개혁의 효과가 상당부분 약화되었다. 지주에게 발급한 지가증권을 통해 지주들을 산업자본가로 육성하려 하였으나, 6·25전쟁으로 화폐 가치가 폭락하면서 지가증권이 헐값에 팔려나가 지주를 산업자본가로 전환하려는 정부의 의도는 실현되지 않았다. 문제가 많고 한계가 많기는 했지만 농지개혁을 거치면서 상당수 농민들이 작게나마 자기 토지를 소유하게 되었고, 지주-소작제가 사라지면서 자작농 중심의 토지소유제가 확립되었다.

현은 대체 일본 항복이 사실이긴 하냐 하니, 그것은 사실이라 한다. 현은 전신에 피곤을 느끼며 걸상에 주저앉아 그제야 여러 시간 만에 처음 정신을 가다듬었다. 그리고 이 친구로부터 팔월 십오일 이후 이틀 동안의 서울 정황을 대강 들었다.

현은 서울 정황에 불쾌하였다. 총독부와 일본 군대가 여전히 조선 민족을 명령하고 앉았는 것과, 해외에서 임시 정부가 오늘 아침에 들어왔다, 혹은 오늘 저녁에 들어온다 하는 이때 그 새를 못 참아 건국(建國)에 독단적인 계획들을 발전시키며 있는 것과, 문화면에 있어서도, 현 자신은 그저 꿈인가 생시인가도 구별되지 않는 이 현혹한 찰나에, 또 문화인들의 대부분이 아직 지방으로부터 모이기도 전에, 무슨 이권이나처럼 재빨리 간판부터 내걸고 서두르는 것들이 도시(도무지) 불순하고 경망해 보였던 것이다. 현이 더욱 걱정되는 것은, 벌써부터 기치(내세우는 명분이나 목표)를 올리고 부서를 짜고 덤비는 축들이, 전날 좌익 작가들의 대부분임을 알게 될 때, 문단 그 사회보다도, 나라 전체에 좌익이 발호(함부로 날뜀)할 수 있는 때요, 좌익이 제멋대로 발호하는 날은, 민족 상쟁 자멸의 파탄을 일으키지 않을까 하는, 위험성이었다.

『해방전후』(이태준)

이태준이 『해방전후』에서 묘사한 한국에서 펼쳐지는 사건들은 결코 기뻐할 수 없는 일뿐이었다. 해방이 되었음에도 여전히 총독부와 일본군은 조선을 점령하고 있었다. 일본군은 미군에 항복을 했기에 미군이 오면 권력을 내놓겠다는 태도였다. 더욱 한심한 일은 곳곳에서 권력이라는 횃불을 잡기 위해 움직이는 불나방 같은 움직임이었다. 간판을 내걸고, 조직을 만든다 하며 이곳저곳에서 일어나는 꼴이 장차 큰 평지풍파를 일으킬 거라는 예감이 들었기 때문이다.

삼팔선(三八線)은 날로 조선의 허리를 졸라만 가고, 느는 건 강도요, 올라가는 건 물가요, 민족의 장기간 흥분하였던 신경은 쇠약할 대로 쇠약해만 가는 차에 탁치(託治) 문제가 터진 것이다. 누구나 할 것이 없이 그만 냉정을 잃고 말았다. 여기저기서 탁치 반대의 아우성이 일어났다. 현도 몇 친구와 함께 반탁 강연에 나갔고, 그의 강연 원고는 어느 신문에 게재도 되었다.

그러나 현은, 아니 현만이 아니라 적어도 그날 현과 함께 반탁 강연에 나갔던 친구들은 하나같이 어정쩡했고, 이내 후회하지 않을 수 없었다. 탁치 문제란 그렇게 간단히 규정할 것이 아님을 차츰 깨닫게 되었는데, 이것을 제일 먼저 지적한 것이 조선공산당으로, 그들의 치밀한 관찰과 정확한 정세 판단에는 감사하나, 삼상 회담(모스크바3국외상회의) 지지가 공산당에서 나왔기 때문에 일부의 오해를 더 사고, 나아가선 정권 싸움의 재료로까지 악용당하는 것은 불행 중 거듭 불행이었다.

"탁치 문제에 우린 너무 경솔했소!"

"적지 않은 과오야!"

"과오? 그러나 지금 조선 민족의 심리론 그다지 큰 과오라군 헐 수 없지. 또 민족적 자존심을 이만침은 표현하는 것도 좋고."

……(중략)……

탁치 문제는 조선 민족에게 정치적 시련으로 너무 심각한 것이었다. 오늘 '반탁' 시위가 있으면 내일 '삼상 회담 지지' 시위가 일어났다. 그만 군중은 충돌하고, 지도자들 가운데는 이것을 미끼로 정권 싸움이 악랄해 갔다. 결국, 해방 전에 있어 민족 수난의 십자가를 졌던 학병(學兵)들이, 요행 죽지 않고 살아 온 그

「해방전후」(이태준)

1945년 12월, 모스크바에서 소련, 영국, 미국의 외무장관이 만났다. 이들은 한국의 독립을 위해 임시정부를 수립하고, 임시정부 수립을 위해 '미·소공동위원회'를 열며, 한국이 독립할 역량을 키우는 동안 최대 5년 동안 신탁통치를 실시하기로 결정한다. 신탁통치는 스스로 나라를 세우고 다스릴 힘이 없다고 판단이 들 경우 강대국이 UN감독 아래 대신 나라를 다스려주는 것이다. '모스크바3국외상회의' 결정의 핵심은 임시정부 수립을 통한 독립국가 건설이었다. 신탁통치는 임시정부의 안정을 위한 과도기였다. 모스크바3국외상회의가 결정한 방식이 옳은지, 즉 각 독립이 옳은지는 충분히 논의가 필요한 사항이었다.

그러나 현실은 차분하게 진행되지 않았다. 해방 뒤 한반도의 운명을 결정한 두 가지 사건을 고르라면 38선 분단과 신탁통치를 둘러싼 좌익과 우익의 갈등인데, 38선 분단이 미국과 소련에 의해 어쩔 수 없이 벌어진 일이라면, 신탁통치는 민족 내부에서 벌어진 갈등이라는 점에서 더 영향력이 컸다.

1945년 12월 27일, 동아일보는 모스크바3국외상회의에 관한 긴급 뉴스를 전한다. 소련이 한반도 전체를 신탁통치할 것을 주장하며 38선이 존재하는 한 국민투표는 불가능하다는 내용의 기사였다. 이는 잘못된 기사였다. 신탁통치는 소련이 아니고 미국이 주장했으며, 모스크바 회의의 핵심 결정 사항은 '임시정부 수립'이었기 때문이다. 소련이 신탁통치를 주장했다는 기사가 전해지자 전국은 신탁통치 반대 분위기에 휩쓸렸

다. 그러나 무작정 신탁통치에 반대하는 시위를 벌인 것은 이태준의 『해
방전후』에도 나와 있듯이 너무 경솔한 행동이었다. 신탁통치 문제는 무
조건 반대만 할 만큼 간단하지 않았다. 신중히 검토해서 충분히 받아들
일 만한 주장이었다. 무엇보다 신탁통치는 소련이 아니라 미국이 제시한
의견이었다.

신탁통치를 둘러싼 대결은 격렬해졌고 이는 민족의 내부 갈등으로
이어졌다. 무엇보다 신탁통치 반대(반탁) 진영에 친일파가 가세하면서 친
일파들이 청산의 대상이 아니라 민족을 지키는 영웅으로, 소련의 신탁
통치 음모와 이에 가세한 좌익 세력에 맞서는 대안 세력으로 등장한 것
이다. 이것은 심각한 역사 퇴행이었다.

당시 신탁통치를 받아들여야 했다고 주장하는 역사학자들도 상당수
있다. 신탁통치 수용이 옳다고 본 역사학자들이 가장 많이 제시하는 근
거는 오스트리아다. 오스트리아는 제2차세계대전 당시 히틀러의 독일에
흡수되어 전쟁에 참가했다. 전쟁이 끝난 뒤 미국, 영국, 프랑스, 소련 등 4
개국의 신탁통치를 10년 동안이나 받았다. 10년의 신탁통치 기간 중 오
스트리아 정치 세력은 정치 이념과 관계없이 하나로 뭉쳤고, 10년 뒤 영
세 중립국으로 독립했다.

만약 한국이 신탁통치 5년을 받아들이고, 남북이 단일한 임시정부
를 수립했다면 어땠을까? 그래도 6·25전쟁과 같은 비극이 생겼을까? 아
니면 신탁통치 결과 한반도 전체가 공산화되었을까? 아니면 민주주의가
실현된 하나의 나라로 독립하여 발전을 이루었을까?

결과는 모를 일이다. 다만 신탁통치 찬성과 반대를 둘러싸고 민족 내
부 갈등이 격화되었고, 이것이 한반도에 몰아친 크나큰 비극이었다는 점

은 확실하다. 신탁통치를 둘러싼 갈등이 빚어진 그때, 독립은 광복으로 이어지지 않고 또 다른 어둠으로 넘어갔다. 신탁통치에서 출발한 대립은 격렬한 분열과 대결로 심화되었고, 남북분단과 전쟁으로 이어졌다.

스물예닐곱까지 동경 바닥에서 신여성운동이네, 연애네, 어쩌네 하고 멋대로 놀다가, 지금 영감의 후실로 들어앉아서 세상 고생을 알까, 아이를 한번 낳아보 았을까, 사십 전의 젊은 한때를 도지사 대감의 실내마님으로 떠받들려 제멋대로 호강도 하여본 옥임이다. 지금도 어디가 사십이 훨씬 넘은 중늙은이로 보이랴. 머리를 곱게 지지고 엷은 얼굴 단장에, 번질거리는 미국제 핸드백을 착 끼고 나 선 맵시가 어느 댁 유한마담으로 알 것이지 설마 일할, 일할 오푼으로 아귀다툼 을 하고 어려운 예전 동무를 쫓아다니며 울리는 고리대금업자로야 그 누가 짐작 이나 할까?

해방이 되자 고리대금이 전당국 대신으로 터놓고 하는 큰 생화(먹고 살아가는데 도 움이 되는 벌이나 직업)가 되었지마는, 옥임이는 반민자(反民者)의 아내가 되리라는 것을 도리어 간판으로 내세우고 부라퀴같이 덤빈 것이다. 중경 도지사요, 전쟁 말기에는 무슨 군수품회사의 취체역인가 감사역을 지냈으니 반민법이 국회에서 통과되는 날이면, 중풍으로 삼년 째나 누워있는 영감이, 어서 돌아가 주기나 하 기 전에야 으레 걸리고 말 것이요, 걸리는 날이면 떼메어다가 징역은 시키지 않 을지 모르되, 지니고 있는 집칸이며 땅섬지기나마 몰수당할 것이니, 비록 자식 은 없을망정 자기는 자기대로 살길을 차려야 하겠다고 나선 길이 이 길이었다.

「두 파산」(염상섭)

옥임은 동경 유학까지 한 신여성이었다. 어쩌다 친일파인 남편의 둘째 부인(후실)으로 들어가 떵떵거리며 살기도 했다. 고생 없이 편안하게 살던 옥임은 해방이 된 뒤 불안에 떤다. 남편이 친일파였기 때문이다.

해방 뒤 친일파 청산은 최우선 과제였다. 민족을 배신한 자들에게 그에 맞는 벌을 주지 않고 새로운 사회를 향해 나아가기는 불가능했기 때문이다. 잘못한 자에게는 벌을 주고, 잘한 자에게는 보상을 주어야 나라의 기틀이 선다. 잘못해도 계속 떵떵거리며 산다면 다시 위기가 왔을 때 누가 나라를 위해 나서겠는가? 그냥 자기 한 몸 잘 추스르려고만 하지 않겠는가?

옥임이 걱정하는 '반민자'는 '반민족행위처벌법'에 따라 처벌 대상이 되는 친일파를 지칭한다. 옥임은 남편이 확실한 친일파이니 '반민족행위처벌법'에 따라 처벌받을 것을 걱정한다. 비록 몸이 좋지 않아 감옥에 가지는 않겠지만, 반민족행위로 모은 재산을 빼앗길 것이므로 고리대금업을 해서라도 자기 살길을 찾겠다고 나선 것이다. 옥임은 정례 모친과 오랜 친구 사이다. 친구 사이임에도 옥임은 자신이 빌려준 돈을 높은 이자를 쳐서 돌려받기 위해 정례 모친을 가혹하게 몰아친다. 정례 모친은 돈이 부족해 '파산'하고, 옥임은 윤리를 잃고 정신이 '파산'한다는 뜻에서 이 소설의 제목이 『두 파산』이다.

옥임은 남편이 모든 재산을 빼앗길까 봐 걱정하지만 실제로 그런 일은 벌어지지 않는다. 반민족행위자를 처벌하기 위해 결성된 '반민족행위처벌특별조사위원회(반민특위)'는 당시 대통령인 이승만과 친일파 출신들의 반격을 받아 해산당했기 때문이다. 친일파들은 그들이 친일행위를 통해 쌓아올린 재산을 한 푼도 잃지 않았다.

2006년 '친일파재산환수법'이 시행되기 전까지 친일파들은 친일행위로 쌓아올린 재산으로 떵떵거리며 잘 살았다. 친일파재산환수법이 시행되었지만 이미 친일파들은 충분히 높은 지위와 명성, 권력과 부를 누리며 이 사회의 중심으로 지내왔기에 재산을 환수당해도 별다른 영향을 받지 않았다. 반면에 독립운동가들의 후손은 대부분 가난과 고통 속에 살아야 했다. 친일파의 후손은 풍족하게 살고, 독립운동가의 후손은 가난하게 사는 대한민국의 역사야말로 '두 파산'이란 말을 붙이기에 적절한 것은 아닐까?

몇 해 전, 해방되던 날만도 아버지는 읍내 사람들과 함께 장터 마당에서 조선이 해방됐다며 만세를 불렀다. 여름 한낮, 태극기 흔들며 기세껏 해방 만세, 독립 만세를 불렀다. 재작년 겨울에 무슨 법이 만들어지고부터 아버지는 갑자기 집에서는 물론, 읍내에서 사라졌다. 지서며 사람을 피해 숨어 다니기 시작했다. 밤중에 살짝 나타났고, 얼굴을 보였다간 들킬세라 금방 사라졌다. 아버지가 무슨 일을 맡아 그러고 다니는지 어머니도 잘 모른다. 장터 마당 주변 사람들이 아버지를 두고 좌익질을 한다며 쑤군거렸고, 순경이 자주 우리 집을 들락거렸지만, 재작년 겨울부터 누구도 아버지를 보았다는 사람이 없었다.

……(중략)……

순경은 소스라쳐 일어난 어머니 가슴팍에 총부리를 들이대며 소리쳤다. 조민세 어디로 갔어? 이 방에 있는 걸 봤는데 금세 어디 갔냐 말이다. 이년아, 네 서방 어디다 숨겼어? 순경은 어머니 멱살을 틀어쥐며 소리쳤다. 다른 순경이 어머니 허리를 걷어찼다. 호각 소리가 집 주위 여기저기에서 들렸다. 여러 순경이 집 안을 샅샅이 뒤졌으나 끝내 아버지를 잡지 못했다. 그날 밤 아버지는 집에 오지 않았다. 순경들은 애꿎은 어머니만 데리고 지서로 갔다.

……(중략)……

숨어 다니던 아버지가 수산리 장터에서 순경에게 잡혔다. 사람들은 아버지가 곧 총살당할 거라고 말한다. 아버지가 돌아가시고 나면 사람들은 우리 집을 빨갱이 집이라 말하지 않을 것이다.

……(중략)……

아버지는 오라에 묶여 매를 맞고 있는지 모른다. 지서(경찰서)에서 그런 일을 했던 사람을 잡아들이면 순경들이 무조건 패기부터 한다 했다. 지서 방공호가 매타작하는 곳이란다. 피 흘리는 아버지 얼굴이 떠오른다. 울부짖는 모습도 떠오른다.

……(중략)……

아버지는 무슨 죄를 졌기에 왜 도망만 다니는지 알 수 없다. 빨갱이란 얼마나 나쁜 사람이기에 잡기만 하면 총살시키는지, 나는 제대로 알지 못한다. 재작년 가을, 밀양 조선모직회사에서 번진 노동자 폭동이 있고부터 순경들이 눈에 불을 켜고 아버지를 찾기 시작했다. 사람들은 말했다. 빨갱이 짓을 하면 무조건 죽인다고. 빨갱이 짓 하려면 숫제 삼팔선을 넘어가야 마음 놓고 할 수 있다고.

『어둠의 혼』(김원일)

독립은 이념을 떠나 모두에게 기쁨이었으나, 남북으로 쪼개지고 남한이 이념으로 갈등을 겪으면서 독립은 더 이상 모두의 기쁨이 되지 못했다. '재작년 겨울에 무슨 법'은 남로당 불법화를 지칭하고, 주인공의 아버지가 벌인 '밀양 조선모직회사 노동자 폭동'은 '대구10월사건'(1947년 10월) 뒤에 일어난 노동자들의 파업으로 보인다.

대구10월사건은 한때 좌익들이 사회 혼란을 일으킬 목적으로 일으킨 '대구폭동'으로 불렸으나, 이는 잘못 알려진 것으로 식량난에 따른 불만에서 일어난 사건이었다.

1946년, 한국은 식량 사정이 매우 좋지 않았다. 식량난 해결을 위해 미군정은 농촌에서 쌀을 강제로 징수하였는데, 이는 일제 때 '공출'과 비슷해서 농민들이 반발했다. 더구나 강제 징수를 하는 관리들 중 상당수가 과거 친일파였기에 분노는 더해갔다. 특히 대구 경북 지역은 문제가 심각했는데 쌀값이 일제 때보다 10배나 오른 상태였고, 전염병까지 번져 수많은 사람이 죽어나갔다. 그래서 농민들이 미군정의 식량 정책에 항의하고 생활고를 벗어나기 위해 일어난 시위를 무력으로 진압하는 과정에서 '대구10월사건'이 일어났다.

박헌영이 이끄는 남조선로동당(남로당)은 대구10월사건을 이용해 대규모 투쟁을 벌였고, 『어둠의 혼』에 나오는 아버지도 밀양에서 노동자들을 이끌고 파업을 벌였다. 그때부터 주인공의 아버지는 경찰에 쫓기는 신세가 되었다. 이후 남로당은 불법화되었고 군대와 경찰에 의해 무조건 체포되어 죽임을 당했다. 이때부터 좌익은 '빨갱이'로 불리며, 빨갱이를 잡기 위해서는 무슨 짓을 해도 된다는 인식이 사회에 퍼져나갔다. 경찰이 한밤중에 쳐들어와 아무 죄도 없는 어머니에게 총구를 겨누고, 폭력을 휘두르고, 경찰서까지 끌고 가 괴롭히는 것도 빨갱이를 가족으로 두면 가족까지 함부로 대해도 된다는 인식이 생긴 결과였다.

많은 좌익 인사들이 군대와 경찰에 잡혀가 가혹하게 고문을 당하다 죽임을 당했는데, 이때 당했던 이들이 6·25가 발발하자 북한인민군 치하에서 복수를 하게 된다. 같은 동족끼리 민간인을 학살하는 잔인한 범죄가 일어나게 된 것이다.

"아이고, 아이고, 살아생전 호강 한 번 몬 해보고, 이날 이때꺼정 대접받는 밥 한 그릇 몬 자시보고 돌아가시다아…… 어미요, 어무이요, 이 몬난 딸자슥 욕이나 실컨 하이소.

……(중략)……

오매불망 기다리던 아들 얼굴 한분 몬 보고 마 이래 눈감으시다니…… 대역죄인 아들이라고 남한테 아들 말 한분 속 시원케 몬 해보고, 한이 되고 암이 돼도 이날 이때까정 보도연맹에 자수해서 재판도 받을 필요 없다는 아들이라며, 오빠 기다리는 정성 하나로 부지해오시다가……."

"고모님, 그만 우시이오." 내가 말했다.

……(중략)……

그날 저녁, 고모가 할머니 유품을 정리할 때, 할머니가 사십여 년을 차고 다닌 낡고 닳아빠진 비단 꽃 주머니 속에서 동전 삼백 원과 닳은 증명서 한 장이 나왔다. 모서리가 닳은 그 증명서는 누렇게 색 바랜 아버지의 손톱만 한 흑백 사진이 붙은 '보도연맹 가입증'이었다.

「**미망**(未忘)」(김원일)

빨갱이를 가족으로 둔 이들은 빨갱이와 같은 취급을 당했다. 『미망』속 할머니는 자식이 빨갱이였고, 그로 인해 평생 고통을 당하며 살았다. 일제강점기 사회주의 민족운동을 하고, 독립 후에는 좌익으로 활동했던 아버지는 6·25가 일어난 뒤 사라진다. 아버지가 사라지고, 빨갱이 자식을 두었다는 이유만으로 할머니는 주위의 손가락질을 받으며 살았다. 아들이 살아 있는지 죽었는지도 모른 채 할머니는 온갖 비난을 받으면서도 아들이 돌아오기만을 바라며 묵묵히 삶을 견뎠다.

할머니가 돌아가신 뒤 평소에 할머니가 늘 들고 다니던 낡은 비단 꽃주머니 속에는 아들이 더 이상 빨갱이가 아님을 증명하는 '보도연맹 가입증'이 나왔다. 할머니는 당신의 아들이 빨갱이가 아님을 '보도연맹 가입증'을 통해 증명하려 했다. 그 누구에게도 보여주지는 않았지만 빨갱이가 아니라는 확신으로 아들을 믿고 기다렸다. 어머니는 아들을 평생 잊지 못하고(미망未忘) 사셨던 것이다.

'국민보도연맹'은 이승만 정부가 '과거를 반성하는 좌익 세력에게 기회를 주기 위해 조직한 단체'였다. 국민보도연맹에서 '보도'는 '보호하고 지도한다'는 뜻으로, 한때 좌익에 가담했더라도 대한민국의 질서를 받아들이고 반공 활동을 열심히 한다면, 대한민국 국민으로 받아들이겠다는 뜻이 담긴 조직이었다. 국민보도연맹에는 과거 좌익 활동을 했던 이들 뿐 아니라 좌익으로 의심받는 사람들도 자신이 좌익이 아님을 증명하기 위해 많이 가입했다. 빨갱이로 몰려 괴로움을 겪던 많은 사람들이 국민보도연맹에 가입했고, 이로 인해 국민보도연맹은 수십 만 명의 조직원을 거느린 대규모 조직이 되어 이승만 정권의 든든한 정치 기반이 되었다.

비극은 6·25전쟁이 발발하면서 일어났다. 과거 좌익 활동을 하고, 좌익으로 의심받았던 사람들이 국민보도연맹에 가입했으므로, 이들이 북한군에 협조할 것을 우려한 정부와 경찰은 조직적으로 국민보도연맹원을 학살한다. 특히 낙동강 전투가 치열하게 전개된 경상도 지역에서 국민보도연맹으로 몰려 죽은 사람이 많았다. 국민보도연맹원이었다는 이유로 학살을 당한 민간인들의 가족들은 남한의 경찰과 군대와 관련된 이들에게 똑같이 복수를 했다. 말 그대로 동족상잔의 비극이었다.

2
6·25, 인간성을 상실한 시대

「유예·불신시대·몽실언니·모래톱 이야기·광장·목마와 숙녀」

    전쟁이란 무엇일까? 직접 전쟁을 겪지 않고, TV와 글로만 전쟁을 접한 이들에게 전쟁은 실감이 나지 않는다. 가끔은 적에 맞서 용감하게 싸우는 영웅들의 이야기를 들으며 전쟁에 환상을 품기도 하지만, 전쟁은 그냥 끔찍한 지옥이며, 죽음 외에는 아무런 결과도 없는 무가치한 행위일 뿐이다.

> 누가 죽었건 지나가고 나면 아무것도 아니다. 그들에겐 모두가 평범한 일들이다. 나만이 피를 흘리며 흰 눈을 움켜쥔 채 신음하다 영원히 묵살 되어 갈 뿐이다. 전 근육이 경련을 일으킨다. 추위 탓인가……. 퀴퀴한 냄새가 또 코에 스민다. 나만이 아니라 전에도 꼭 같이 이렇게 반복된 것이다. 싸우다 끝내는 죽는 것, 그것뿐이다. 그 이외는 아무것도 없다. 무엇을 위한다는 것. 그것도 아니다. 인간이 태어난 본연의 그대로 싸우다 죽는 것. 그것뿐이라고 생각하였다.
>
> 「유예」 (오상원)

전쟁은 죽음이다. 죽고 나면 아무 것도 아니다. 전쟁은 한반도 전체에서 벌어졌고 그 피해는 오롯이 개인과 가족이 감당했다. 고통, 죽음을 오로지 한 개인이 감당해야 한다. 민족의 비극, 한반도에서 벌어진 끔찍한 고통은 모두 개개인이 짊어졌다. 죽음도 고통도 모두 홀로 이겨내야 했다.

9·28 수복 전야에 진영의 남편은 폭사(폭탄에 맞아 죽음)했다. 남편은 죽기 전에 경인도로(京仁道路)에서 본 괴뢰군(북한인민군)의 임종 이야기를 했다. 아직도 나이 어린 소년이었더라는 것이다. 그 소년병은 가로수 밑에 쓰러져 있었는데 폭격으로 터져 나온 내장에 피비린내를 맡은 파리 떼들이 아귀(굶주린 귀신)처럼 덤벼들고 있더라는 것이다. 소년병은 물 한 모금 달라고 애걸을 하면서도 꿈결처럼 어머니를 부르더라는 것이다. 그것을 본 행인 한 사람이 노상(길바닥)에 굴러 있는 수박 한 덩이를 돌로 짜개서 그 소년에게 주었더니 채 그것을 먹지도 못하고 숨이 지더라는 것이다.

남편은 마치 자신의 죽음의 예고처럼 그런 이야기를 한 수 시간 후에 폭사하고 만 것이다. 남편을 잃은 진영은 1·4 후퇴 때 세살먹이 아이를 업고 친정어머니와 같이 제일 마지막에 서울에서 떠났다. 그러나 안양에 이르기도 전에 중공군이 그들을 앞질렀고, 유엔군의 폭격 밑에 놓였다. 수없는 피란민이 얼음판에 거꾸러졌다. 피란짐을 끌던 소는 굴레를 찬 채 둑 밑으로 굴렀다. 피가 철철 흐르는 시체 옆에 아이가 울고 있었다. 진영은 눈을 가리고 달아났던 것이다.

『불신시대』(박경리)

20세기 딱 중간인 1950년에 6·25전쟁이 터졌다. 초기 한국군은 북한군에 패해 낙동강까지 밀려난다. 낙동강에서 최후의 방어선을 구축

하고 치열한 공방전을 벌이던 중, 9월 15일 인천상륙작전을 계기로 전세가 역전된다. 9월 28일 빼앗겼던 서울을 찾는데 이것이 '9·28서울수복'이다. 한국군과 유엔군은 38선을 넘어 압록강까지 밀고 올라간다. 그러나 중국군의 참전으로 후퇴를 거듭해 1951년 1월 4일에 서울을 다시 내주고 후퇴한다. 이것이 '1·4후퇴'다. 국군은 1·4후퇴 뒤 곧바로 반격을 해서 서울을 되찾는다. 이후 전쟁은 1953년 7월 27일 정전협정이 맺어질 때까지 38선 부근에서 격렬하게 벌어진다.

6·25 때 북한 인민군은 '괴뢰군'으로 불렸다. 괴뢰군이란 꼭두각시처럼 조종하는 대로 움직이는 군대란 뜻으로, 소련의 지시에 따라 꼭두각시처럼 전쟁에 임하는 영혼 없는 북한 인민군을 지칭하는 단어다. 괴뢰군이란 말에는 꼭두각시란 뜻 외에도 '아주 사악한 군대'란 뜻도 있다. 소년병은 괴뢰군의 한 명이다. 꼭두각시에 사악한 군인이다. 그런 괴뢰군 소년병이 내장이 터진 채 죽음을 앞두고 있다. 죽음을 앞두고 물 한 모금 달라고 하면서 '꿈결처럼 어머니'를 부른다. 죽음을 앞둔 그 어디에도 괴뢰군은 없다. 그저 어머니를 그리워하는 가엾은 소년 한 명이 슬프게 죽어갈 뿐이다. 죽음 앞에 인간이 내세우는 모든 가치는 무너진다. 죽음은 그저 한 우주의 소멸이요 비극이다.

수 없이 많은 민간인들이 전쟁 중에 죽었다. 가장 무서운 것이 폭격이었다. 대포와 비행기에서 쏟아지는 포탄은 민간인과 군인을 가리지 않았다. 속수무책으로 당하는 살육 앞에 도망 외에는 할 게 없었다. 특히 공중폭격이 무서웠다. 전쟁 초기부터 나타나 힘을 발휘한 미군의 B-29 폭격기는 한국전쟁 내내 막강한 위력을 발휘했다. 지상에서는 서로 밀고 밀리는 전투가 펼쳐졌지만 하늘은 처음부터 끝까지 미군의 차지였다. 가장 많은 폭격을 당한 지역은 평양과 원산이었다. 평양은 북한의 수도였고, 원산은 한반도 최고의 산업도시였기 때문이다. 폭격으로 인해 평양과 원산은 말 그대로 원시 상태로 돌아갔다. 다른 지역도 정도의 차이는 있지만 예외 없이 폭격에 노출되었다. 어마어마한 폭탄이 한반도 상공에서 지상으로 투하되었다. 폭탄은 주로 북한 인민군을 겨누었지만 민간인과 피난민을 가리지 않았고, 심지어 유엔군과 국군도 폭격의 피해를 당했다.

모퉁이를 돌아 나오니 마당에 거지 하나가 서 있었다. 누더기처럼 해진 커다란 군복을 입은 열대여섯 되어 보이는 조그만 아이였다.

"나, 물 좀 줘."

"넌 누구야?"

"의용군이야."

"의용군?"

……(중략)……

의용군 아이가 어깨에 멘 총을 벗었다. 그러곤 돌아서서 총구멍을 겨누었다.

"왜? 넌 나 같은 아이도 죽일 줄 아니?"

"그래, 죽일 줄 안다."

몽실의 눈에 파아랗게 불길이 올랐다.

"죽여 봐! 어서 죽여 봐!"

"……"

의용군 아이와 몽실의 눈이 마주쳐서 움직일 줄 몰랐다. 둘은 그렇게 마주 노려보고 있었다. 그러다가 갑자기 의용군 아이가 고개를 떨구었다.

"어머니이……."

의용군 아이는 돌아서서 어깨를 들먹이며 흐느꼈다.

『몽실언니』 (권정생)

또다시 소년병이다. 10대 소년들이 무엇을 위하는지 알고 총을 들었을까? 『불신시대』의 소년병이 '어머니'를 부르며 죽어갔듯이, 『몽실언니』의 소년병도 '어머니'를 부르며 흐느낀다. 아무리 용감한 척 하고, 총을 든 군인인 척 해도 마음은 한 없이 여린 소년이었다. 그런 소년들이 전쟁 한복판에서 피를 흘리며 죽고, 상대를 향해 총을 쏘았다. 전쟁은 그 어떤 명분으로도 정당화되지 않는다. 전쟁은 악이다. 인간이 만든 최고로 못된 악이 전쟁이다.

'의용군(義勇軍)'의 한자풀이만 본다면 '의로운 용기를 발휘해 전쟁에 나선 군인'이다. 민간인이었던 사람들이 자기 뜻에 따라 군인이 되어 전쟁에 참가한 사람들을 의용군이라 한다. 남과 북을 가리지 않고 의용군이 많았다. 치열한 낙동강 전투에서 군대가 부족했던 한국군에는 젊은 학생들이 특히 많이 참가했다. 이들을 '학도의용군'이라 불렀는데, 학도의용군은 낙동강 전선을 지키는데 큰 힘을 보탰다. 북한 인민군은 부족한 군인들을 보충하기 위해서 점령지에서 젊은이들을 의용군이란 이름으로 강제로 끌고 갔다. 의용군 중에는 이제 갓 15살이 넘은 어린 소년들도 많았는데 이들을 '소년병'이라 했다. 소년병들은 전투 훈련도 받지 못한 채 전쟁터로 보내져 상당수가 목숨을 잃었다.

'육이오' 때의 일이었다. 나는 어떤 혐의로 몇몇 사람의 당시 대학 교수들과 함께 특무대에 갇혀 있었다. 거기서 윤 생원을 처음 만났다. 물론 그땐 그가 이곳 사람인 줄도 몰랐다. 무슨 혐의로 들어왔느냐고 물어도 그는 얼른 대답을 하지 않았다. 곧 나갈 거라고만 했다. 곧 나갈 거라고 장담을 하던 사람이 얼마 뒤 역시 우리의 뒤를 따라 감옥으로 넘어왔다. 감옥에서는 그도 제법 사상범으로 통해 있었다. 누가 붙였는지는 모르되, '송아지 빨갱이'라는 별명이 붙어 있었다. 그의 말에 의하면 이유는 간단했다. 한창 무슨 청년단인가 하는 패들이 마구 설칠 땐데 남에게 배내(남의 가축을 길러서 다 자라거나 새끼를 친 뒤에 주인과 나누어 가지는 일)를 주었던 그의 송아지를 그들이 잡아먹은 게 분해서, 배내 먹이던 사람에게 송아지를 물어내라고 화풀이를 한 것이 동기의 하나였다고 한다. 그 바보 같은 사람이 뒤퉁스럽게 그 청년단을 찾아가서 그런 고자질을 한 것이 꼬투리가 되어, "이 새끼 맛 좀 볼 테야?" 하는 식으로 잡혀왔다는 이야기였다.

「**모래톱 이야기**」(김정한)

6·25전쟁 중 많은 민간인 학살이 일어났다. 국민보도연맹 사건에서 시작하여, 북한 인민군이 점령한 지역에서 벌어진 인민재판에 의한 학살, 노근리 민간인 학살과 같이 피난민을 향한 학살, 서울을 수복한 뒤 북한 인민군에 협력한 자들을 찾아낸다면서 벌인 보복 학살 등 수없이 많은 민간인 학살이 자행되었다. 'Guernica게르니카'를 통해 나치의 스페인 민중 학살을 고발했던 피카소는 'Massacre en Corée(한국에서 벌어진 학살'을 그려 6·25전쟁 중에 한국에서 벌어진 민간인 학살을 고발했다.

『모래톱 이야기』에서 알 수 있듯 개인의 감정을 보복하기 위해 빨갱이로 몰아 감옥에 가두기도 했다. 그나마 감옥에 가기만 하면 다행이다. 빨갱이로 몰리면 재판도 없이 바로 처형을 당하는 일이 비일비재했다.

북으로 북으로 쏜살 같이 진격은 계속되었다. 수차의 전투가 일어났다. 그가 인솔한 수색대는 적의 배후 깊숙이 파고들어 갔다. 자주 본대와 연락이 끊어지기 시작했다. 초조한 소대원의 얼굴은 무전사에게로만 쏠렸다. 후퇴! 이미 길은 모두 적에 의하여 차단되었다. 적의 어느 면을 뚫고 남하할 것인가? 자주 소전투가 벌어졌다. 한 명 두 명 쓰러지기 시작하였다.

······(중략)······

무릎까지 파묻히는 눈 속을 헤치며 남쪽으로 남쪽으로 걸었다. 몇 번이고 의식을 잃고 그대로 쓰러졌다. 때로는 눈보라와 종일 싸워야 했고 알 길 없는 방향을 더듬으며 헤매어야 했다. 발이 얼어 감각이 없다. 불안과 절망이 그를 엄습하기 시작하였다. 내가 잡은 방향이 정확한 것인가? 나의 지금 이 위치는? 상의할 아무도 없다. 나 하나뿐. 그렇다고 이대로 서 있을 수도 없다. 그는 한 걸음 한 걸음 눈 속을 헤치며 걸었다. 어디까지 이렇게 걸어야 하는 것인가? 언제껏 이렇게 걸어야 하는 것인가?

······(중략)······

"동무는 우리 인민의 처사에 대하여 이의가 있소?"

그 위엄으로 보아 대장인가 싶다.

"생명체와 도구는 다른 것이오. 내 더 이상 무엇을 말하고 싶겠소? 나는 포로가 되었을 뿐이오. 나는 기쁘오. 내가 한 개의 기계나, 도구가 아니었다는 것, 하나의 생명체인 인간으로서 살아 있다는 것, 그리고 인간으로서 죽어 간다는 것, 이것이 한없이 기쁠 뿐입니다."

「유예」 (오상원)

1950년 9월 28일 서울을 되찾은 한국군과 유엔군은 10월 1일 38선을 넘고, 10월 10일에는 원산을 점령하였으며, 10월 19일에는 평양을 점령했다. 앞서 나간 군대 중 일부는 압록강 물을 마시며 이제 통일을 이루었다는 기쁨을 누리기까지 했으나, 바로 그때 수십 만 중국군이 은밀히 압록강을 건넜다. 11월 말에 벌어진 중국군과 전투에서 유엔군과 한국군은 크게 패한다. 수만 명의 병력을 잃고 군대 지휘체계가 완전히 붕괴된 채로 뒤로 밀려난다.

『유예』는 북쪽으로 진격했던 국군이 중국군 참전 이후 뒤로 밀리면서 겪는 이야기를 담았다. 무리하게 북쪽으로 진격했다가 중국군의 참전으로 전세가 뒤바뀌면서 부대가 완전히 고립된다. 남쪽으로 후퇴하면서 부대원들은 하나씩 죽어간다. 겨울이 오고 눈 덮인 들과 산을 뚫고 남으로 남으로 내려간다. 그러다 붙잡힌다. 『유예』의 주인공처럼 수없이 많은 국군이 북한에 고립되어 죽거나, 포로가 되었다.

『유예』의 주인공은 북한 편에 서라는 요구에 따르지 않는다. 왜 목숨을 버리는 선택을 했을까? 도구가 되어 이용당하며 사는 삶이 죽음보다 더 싫었기 때문이다. 북한 인민군이 자신을 어떤 식으로 이용할지는 뻔하다. 남쪽을 향한 선전 도구로 쓸 것이며, 자신의 뜻과는 완전히 다른 일들에 끊임없이 이용할 것이다. 자유를 완전히 잃고 도구가 되어 남은 삶을 사느니 죽음이 더 낫다고 판단했다. '내가 한 개의 기계나, 도구가 아니라' 한 생명으로 살다가 죽어감에 마지막 기쁨을 느낀다.

전쟁은 인간을 집어삼키고, 타락하게 만든다. 전쟁 중에 인간은 그저 도구다. 전쟁 승리와 복수심의 충족을 위한 대상이 될 뿐이다. 그렇지만 처참한 전쟁 상황에서 『유예』의 주인공처럼 진정한 인간성을 깨닫기도

한다. 우리는 인간이다. 그 어떤 숭고한 목적을 위해 희생해야 할 도구가
아니다. 칸트가 말했듯이 인간은 도구가 아니라 목적이다.

도구가 아니라 목적으로 살고 싶은 소망은 '분열과 전쟁의 시대'에는
이루기 힘들었다. 『광장』(최인훈)의 주인공 이명준이 겪는 좌절은 '분열과
전쟁의 시대'가 한 인간의 영혼을 얼마나 끔찍하게 파괴하는지 잘 보여
준다.

38선이 그어지고 좌와 우의 대결이 깊어질 때 이명준은 남쪽에 산다.
그는 나름대로 남한 사회에 대한 기대가 있다. 그러나 문제는 아버지였
다. 아버지는 좌익 활동을 하다가 북으로 넘어갔다. 아버지가 북으로 넘
어간 탓에 이명준은 경찰에 끌려가 심한 취조를 당한다. 얻어맞기도 한
다. 그때 그는 일제를 위해 일하던 형사가 독립한 나라의 형사가 되어 있
는 경찰의 실상을 마주하고 절망한다.

"이런 새끼들 속이란 더 알쏭달쏭한 거야. 내 사찰계 근무 경험으로, 극렬한
빨갱이들 가운데는 이 새끼 같은 것들이 꽤 많아. 보기는 버러지도 무서워할 것
같지. 이런 일이 있었어……."
그자는 명준을 뒤로 젖혀놓고 동료 쪽으로 돌아앉아서 겪은 얘기를 늘어놓기
시작한다. 명준은 그의 얘기를 들으면서 또 한 번 놀란다. 그는 자기 전성시대라
면서, 일제 때 특고 형사 시절에 좌익을 다루던 이야기를 하고 있는 것이다. 그
는 특고가 마치 한국 경찰의 전신이나 되는 것처럼 이야기한다. 그 말투에는 일
제시대, 그 학교의 전신이던 학교에 다닌 선배가, 그 소위 후배들을 앞에 놓고
옛날, 운동으로 날리던 얘기에 신명이 났을 때의 도도함이 있다.
그의 옛날 얘기를 듣고 있으려니까, 명준은 자기가 마치 일본 경찰의 특고 형사

실에 와 있는 듯한 생각에 사로잡힌다. 형사의 얘기는 그토록 지난 날과 지금을 뒤섞고 있다. 빨갱이 잡는 걸 가지고 볼 때 지금이나 일본 시절이나 다름없다고 생각하고 있는 게 완연하다. 일제는 반공이다. 우리도 반공이다. 그러므로 둘은 같다라는 삼단논법. 그는 '아까' '아까'를 거푸 지껄인다. 그의 의견으로는 빨갱이는 어떻게 다뤄도 좋다. 그는 옛날은 좋았다고 한다.

『광장』 (최인훈)

독립을 맞이한 조국에서 치안을 담당하는 경찰이 일제를 위해 일했던 매국노들이니 이명준이 절망하지 않으면 이상한 일이다. 이명준은 남한 사회에 대한 희망을 접고 사랑에 빠져보지만, 사랑도 제 뜻대로 되지 않자 아버지가 있는 북쪽으로 몰래 넘어간다.

사회주의 혁명을 이룬 북한에 대한 이명준의 기대는 컸다. 그러나 그 기대는 얼마 지나지 않아 더 큰 좌절로 다가왔다. 북한은 그럴싸하게 혁명을 포장하고, 당의 명령대로만 움직이는 꼭두각시들만 사는 사회였다. 자아비판 시간에 무조건 잘못을 인정하라는 요구를 받은 이명준은 거짓으로 잘못을 고백하고 북한 사회에 대한 희망을 접는다. 또다시 사랑에 빠져보지만 그 사랑도 제대로 되지 않는다.

남쪽도, 북쪽도 그에게 희망은 없었다. 남쪽은 타락한 자본주의에 친일파들이 득세하고, 북쪽은 사회주의를 한다면서도 인민 위에 군림하고, 형식과 일방주의에 찌든 자들이 지배한다. 둘 다 희망이 없다. 그에게 숨 쉴 곳은 사랑 아니면 도피였다. 그러다 6·25가 일어나고 낙동강 전쟁터에서 북쪽에서 사랑하던 여인 은혜와 만나 다시 사랑을 키운다. 은혜가 임신을 하자 명준은 처음으로 진정한 희망을 품는다. 그러나 희망

은 희망일 뿐이었다. 은혜와 뱃속의 자식은 폭탄에 맞아 죽고 자신은 포
로로 잡힌다.

방안 생김새는, 통로보다 조금 높게 설득자들이 앉아 있고, 포로는 왼편에서
들어와서 바른편으로 빠지게 돼 있다. 네 사람의 공산군 장교와, 국민복을 입은
중공 대표가 한 사람, 합쳐서 다섯 명. 그들 앞에 가서, 걸음을 멈춘다. 앞에 앉
은 장교가, 부드럽게 웃으면서 말한다.

"동무, 앉으시오."

명준은 움직이지 않았다.

"동무는 어느 쪽으로 가겠소?"

"중립국."

그들은 서로 쳐다본다. 앉으라고 하던 장교가, 윗몸을 테이블 위로 바싹 내밀면
서 말한다.

"동무, 중립국도, 마찬가지 자본주의 나라요. 굶주림과 범죄가 우글대는 낯선 곳
에 가서 어쩌자는 거요?"

"중립국."

······(중략)······

"강요하는 것이 아닙니다. 다만 내 나라 내 민족의 한 사람이, 타향 만리 이국 땅
에 가겠다고 나서니, 동족으로서 어찌 한마디 참고되는 이야길 안 할 수 있겠습
니까? 우리는 이곳에 남한 2천만 동포의 부탁을 받고 온 것입니다. 한 사람이라
도 더 건져서, 조국의 품으로 데려오라는······."

"중립국."

『광장』(최인훈)

6·25전쟁이 38선 근처에서 밀고 밀리는 지구전으로 펼쳐지자 더 이상 어느 일방이 승리할 가능성이 사라졌다. 이길 수 없는 전쟁이었기에 전쟁 당사국들은 전쟁을 멈추기 위한 휴전협정을 진행하였다. 휴전협정에서 격렬하게 의견이 충돌한 사안은 '전쟁포로' 문제였다. 다른 나라끼리 싸운 전쟁포로는 상대방에게 돌려주면 된다. 그러나 6·25전쟁은 상황이 복잡했다. 남과 북이 서로 영토를 확실하게 구분하여 전쟁을 하지도 않았고, 같은 민족이었기 때문이다.

북한 인민군이 남한을 점령해서 징집한 의용군, 국군이 북한 지역을 점령했을 때 참가한 북쪽 출신 의용군 등이 상대방에 포로로 잡힌 경우도 있었기에 전쟁포로 처리 문제는 간단하지 않았다. 전쟁포로를 어떻게 할지를 두고 휴전당사국들은 길고 지루한 논쟁을 벌였고, 1953년이 되어서야 타협을 보았다. 본인 의사에 따라 돌아가겠다는 포로는 본국으로 돌려보내고, 거부하는 포로는 중립국이 참가한 가운데 재심사를 해서 원하는 곳으로 보내기로 하였다.

이명준은 남한도 북한도 아닌 중립국으로 가기를 원한다. 남한에 실망하고, 북한에 절망한 이명준에게 남과 북 어디에도 희망은 없었다. 이명준에게 남과 북은 그 어디도 인간이 살 곳이 아니었다. 나를 아는 사람도 없고, 내가 누구인지 알려고 하는 사람도 없는 곳인 중립국으로 떠나기를 원한다.

중립국으로 가는 배에서 이명준은 자살한다. 그에게는 중립국에서도 인간으로 살 자신이 없었다. 이명준은 조국의 분열과 전쟁으로 모든 희망을 빼앗겼기에, 죽음 외에는 선택의 여지가 없었다.

 문학이 죽고 인생이 죽고

사랑의 진리마저 애증의 그림자를 버릴 때

목마를 탄 사랑의 사람은 보이지 않는다.

세월은 가고 오는 것

한때는 고립을 피하여 시들어 가고

이제 우리는 작별하여야 한다.

「목마와 숙녀」 (박인환)

6·25 이후 문학은 죽었고, 인생도 죽었고, 사랑도 끝났다. 아름답고 소중한 것들이 모조리 시들어버렸다. 도대체 희망은 어디에 있는가? 끔찍한 세상이다.

3

너와 나, 산산이 부서진 관계여!

『몽실언니·장마·학』

분열과 대립은 관계를 파괴한다. 가족마저 화해하기 어려운 적으로 돌리게 한다. 둘로 나뉜 가족이 하나로 합칠 기미가 보이면 부당한 현실이 그들을 그대로 두지 않는다.

 "까치바위골 앵두나무집 할아버진 어찌 됐어요, 아버지?"

"아마 돌아오시기 힘들게 됐나 보더라."

"왜 못 오시나요?"

"아들이 있는 곳을 대 주지 않으면 풀어 주지 않는다니까."

"하지만 할아버진 어디 있는지 알지 못하잖아요?"

"누가 그걸 곧이듣니? 할아버지가 잘못한 거지. 아무리 자식이지만 빨갱이한테 떡을 해주고 닭을 잡아 주다니, 그건 백 번 천 번 잘못한 거야."

"아버지!"

몽실이 정씨 얼굴을 쳐다봤다. 어두운 움막 속에서도 그걸 알 수 있었다.

"······그렇지 않아요. 빨갱이라도 아버지와 아들은 원수가 될 수 없어요. 나도 우리 아버지가 빨갱이가 되어 집을 나갔다면 역시 떡 해드리고 닭을 잡아 드릴 거여요."

『몽실언니』 (권정생)

까치바위골 앵두나무집 할아버지의 아들은 '빨갱이'다. 할아버지는 아들이 오자 떡을 해주고 닭을 잡아주었다. 빨갱이기 전에 아들이기 때문이다. 경찰은 할아버지를 잡아가 아들이 어디에 있는지 밝히라고 요구했지만, 할아버지는 아들이 어디 있는지 알지도 못하고, 안다 해도 밝히지 않았을 것이다. 아들이기 때문이다. 하지만 부당한 시대는 가족 사이에 흐르는 당연한 인정도 거부하라고 요구한다. 빨갱이에게는 가족의 정도 베풀면 안 된다고 강요한다.

여기에 몽실이는 정면으로 반박한다. 만약 아버지가 빨갱이라면 자신도 아버지를 위해 떡을 해드리고 닭을 잡아 드릴 거라고 말한다. 그 어떤 이념 대립보다 인륜이 먼저임을 몽실이는 안다. 모두가 몽실이 같으면 좋겠지만 현실은 이념 대립이 인륜보다 우선이었다.

무엇보다 우려되는 건 할머니와 외할머니 간의 불화였다. 외삼촌과 이모를 공부시키기 위해 살림을 정리해서 서울로 떠났던 외가가 어느 날 보퉁이를 꾸려 들고 느닷없이 우리들 눈앞에 나타났을 때, 사랑채를 비우고 같이 지내기를 권한 사람은 할머니였다. 난리가 끝나는 날까지 늙은이들끼리 서로 의지하며 살자는 말을 여러 번 들을 수 있었고, 얼마 전까지만 해도 두 사돈댁은 사실 말다툼한 번 없이 의좋게 지내왔다. 수복이 되어 완장을 두르고 설치던 삼촌이 인민군을 따라 어디론지 쫓겨 가 버리고 그때까지 대밭 속에 굴을 파고 숨어 의용군을 피하던 외삼촌이 국군에 입대하게 되어 양쪽에 다 각기 입장을 달리하는 근심 거리가 생긴 뒤로도 겉에 두드러진 변화는 없었다.

……(중략)……

두 분을 아주 갈라서게 만드는 결정적인 계기는 전사통지서를 받은 그 이튿날에 왔다. 먼저 복장을 지른 쪽은 외할머니였다. 그날 오후도 장대 같은 벼락불이 건지산 날망으로 푹푹 꽂히는 험한 날씨였는데, 마루 끝에 서서 그 광경을 지켜보던 외할머니가 별안간 무서운 저주의 말을 퍼붓기 시작한 것이다.

"더 쏟아져라! 어서 한 번 더 쏟아져서 바웃새에 숨은 뿔갱이마저 다 씰어가그 라! 나뭇틈새에 엎던 뿔갱이 숯뎅이같이 싹싹 끄실러라! 한 번 더, 한 번 더, 옳 지, 하늘님 고오맙습니다!"

소리를 듣고 식구들이 마루로 몰려들었으나 모두들 어리둥절해서 외할머니를 말리는 사람이 없었다. 벼락에 맞아 죽어 넘어지는 하나하나의 모습이 눈에 선 히 보인다는 듯이 외할머니는 더욱 기가 나서 빨치산이 득실거린다는 건지산에 대고 자꾸 저주를 쏟았다.

"저 늙다리 예펜네가 뒤질라고 환장을 혔다?"

그러자 안방 문이 우당탕 열리면서 악의를 그득 담은 할머니의 얼굴이 불쑥 나 타났다.

『장마』 (윤흥길)

『장마』에서 외할머니는 국군 아들을 두었고, 친할머니는 빨치산 아 들을 두었다. 처음 외할머니와 친할머니는 서로 의지하며 잘 지냈다. 그 러다가 국군으로 가 있던 외할머니의 아들이 죽었다는 소식이 전해지면서 두 사람의 관계는 파탄난다.

6·25를 흔히 '동족상잔(同族相殘)'이라 부른다. 동족상잔이란 같은 겨레끼리 서로 싸우고 죽인다는 뜻이다. 그러나 6·25가 단순히 같은 민족 내에서 벌어진 전쟁이기에 동족상잔이라 부른 것이 아니다. 정말로 한 가족, 한 형제끼리 서로 총을 겨누고 싸우고 갈등했기에 동족상잔이라 부른다. 같은 민족이란 말은 뜬구름 잡는 추상명사가 아니다. 전쟁은 진짜로 가족과 형제와 이웃과 친구가 이념으로 쪼개져, 상대편에 속했다는 이유만으로 서로를 미워하고 죽인 끔찍한 비극이었다.

임시 치안대 사무소로 쓰고 있는 집 앞에 이르니 웬 청년 하나가 포승에 묶이어 있다. 이 마을에서 처음 보다시피 하는 젊은이라 가까이 가 얼굴을 들여다보았다. 깜짝 놀랐다. 바로 어려서 단짝 동무였던 덕재가 아니냐. 천태에서 같이 온 치안 대원에게 어찌된 일이냐고 물었다. 농민동맹 부위원장을 지낸 놈인데 지금 자기 집에 잠복해 있는 걸 붙들어 왔다는 것이다.

······(중략)······

성삼이는 허리에 찬 권총을 잡으며,

"변명은 소용없다. 영락없이 넌 총살감이니까. 그저 여기서 바른대루 말이나 해봐라."

덕재는 그냥 외면한 채,

"변명은 할려구두 않는다. 내가 제일 빈농(가난한 농민)의 자식인 데다가 근농꾼(부지런히 일하는 농민)이라구 해서 농민동맹 부위원장이 됐든 게 죽을 죄라면 하는 수 없는 거구, 나는 예나 이제나 땅 파먹는 재주밖에 없는 사람이다."

그리고 잠시 사이를 두어,

"지금 집에 아버지가 앓아누웠다. 벌써 한 반 년 된다."

덕재 아버지는 홀아비로 덕재 하나만 데리고 늙어 오는 빈농꾼이었다.

……(중략)……

"하여튼 네가 피하지 않구 남아 있는 건 수상하지 않아?"

"나두 피하려구 했었어. 이번에 이남서 쳐들어오믄 사내란 사낸 모조리 잡아 죽
인다구 열일곱에서 마흔 살까지의 남자는 강제루 북으로 이동하게 됐었어. 할
수 없이 나두 아버질 업구라두 피난 갈까 했지. 그랬드니 아버지가 안 된다는 거
야. 농사꾼이 다 지어 놓은 농살 내버려 두구 어딜 간단 말이냐구. 그래 나만 믿
구 농사일루 늙으신 아버지의 마지막 눈이나마 내 손으루 감겨 드려야겠구. 사
실 우리같이 땅이나 파먹는 것이 피난 간댔자 별수 있는 것두 아니구……."

「학」(황순원)

　　성삼과 덕재는 어린 시절 삼팔선 부근의 한 마을에서 어울려 지내던
단짝 친구였다. 북한 인민군이 쳐들어왔을 때 성삼은 피난을 갔지만 덕
재는 그대로 남았다. 가난한 농민이었던 덕재는 북한 인민군에게 선택을
당해 '농민동맹 부위원장'이란 직책을 맡았다. 하고 싶어 맡은 직책이 아
니라 억지로 씌워진 직책이었다. 덕재는 그로 인해 죽을 위기에 처한다.

　　『장마』에서 아들의 소속에 따라 대립하던 친할머니와 외할머니는 어
느 날 나타난 구렁이를 맞이하며 화해한다. 친할머니는 구렁이를 외할머
니의 죽은 아들로 믿고 잘 대접해서 보내준다. 외할머니도 아들이 구렁
이가 되어 찾아왔다고 믿으며 눈물로 아들을 맞이한다. 죽은 이가 구렁
이가 되어 돌아온다는 전통신앙의 힘이 두 사람을 화해로 이끈다.

　　성삼은 어린 시절 덕재와 함께 붙잡아 놀던 학을 떠올린다. 어느 날

서울에서 사냥꾼이 온다는 소식에 놀라 학을 겨우 살려서 보낸 추억을 떠올린다. 성삼은 학을 놓아주듯 덕재를 놓아준다. 어린 시절 우정은 분열과 대립보다 강했다.

전통, 그리고 어린 시절의 추억은 이념으로 인한 대립보다 강하다. 전쟁으로 인한 분열을 치유하는 힘은 면면히 흐르는 전통과 함께했던 추억이다. 전통과 추억은 사람 사이에 흐르는 정이다. 함께 살고 함께 웃고 함께 웃는 인간미다. 따스한 정과 인간미가 분열과 전쟁을 치유하는 진짜 치료제다.

4

전쟁의 비극, 상처 입은 자들의 몸부림

『병신과 머저리·오발탄·겨울 나들이·사평역·초토의 시8』

영화 '개미(Antz)'에서 주인공 Z는 엉겁결에 전투에 참가하는데, 살벌한 전투가 벌어지고 전투에 참가한 개미와 흰개미는 모두 죽는다. 나중에 다른 개미들이 전투 현장에 왔을 때 살아남은 개미는 주인공 Z뿐이었다. 백만 마리 이상의 개미가 죽고 딱 한 마리가 살아남았는데 그 순간 개미들은 "이겼다!"며 환호한다. 백만 마리가 죽고 한 마리가 살아났다 해서 승리를 외치는 어처구니없는 장면에 헛웃음이 날지도 모르겠지만, 인간들도 개미들과 별반 다르지 않다. 수백만이 죽었는데도 이겼다고 환호한다.

역사에서 전쟁은 늘 승패로만 기록된다. 승패의 기록 뒤에 남겨진 죽음과 아픔은 역사에서 중요하게 다뤄지지 않거나 아예 사라진다. 백만 개의 목숨이 사라졌어도 이겼으면 그냥 승리라고 기록할 뿐이다. 그래서 기록은 사실을 제대로 전해주지 못한다. 역사가 제대로 기록하지 않은 죽음과 상처는 두고두고 남아 삶을 비극으로 물들인다.

 "요걸로 얼마나 지낼까?"

관모는 자의 어깨에 멘 쌀자루를 툭 쳐 보았다. 그러는 관모의 표정이 변했다.

"입을 줄이는 수밖에 없지."

······(중략)······

드문드문 뚫린 구름장 사이로는 바쁜 별들이 서쪽으로 서쪽으로 흐르고 있었다. 조금 뒤에 골짜기에서는 한 발의 총소리가 적막을 깼다. 그 소리는 골짜기를 한 바퀴 돌고 난 다음 남쪽 산등성이로 긴 꼬리를 끌며 사라져갔다. 나는 비로소 잠에서 깨어난 듯 깜짝 놀란다.

그 총소리는 나의 가슴속 깊이 어느 구석엔가 숨어서 그 전쟁터의 수많은 총소리에도 지워지지 않고 남아 있었던 선명한 기억 속의 것이었다. 어린 시절, 노루 사냥을 갔을 때에 설원에 메아리치던 그 비정과 살의를 담은 싸늘한 음향이었다.

『병신과 머저리』(이청준)

북으로 진격했다가 중국군의 반격에 밀려 고립되었다. '김 일병', '관모', '나'는 함께 후퇴하는 중이다. 관모와 나는 건강하지만 김 일병은 부상을 당했다. 관모는 살아남기 위해 부상당한 김 일병을 죽인다. 그때 들었던 총소리가 나의 기억에 깊이 박힌다. 전쟁터에서 들었던 수천, 수만 발의 총소리는 모두 잊혀져도 그 총소리만큼은 잊히지 않는다. 내가 살아남기 위해 누군가를 죽여야 하는 상황에 몰리는 사람만이 겪는 깊은 상처다.

김 일병을 죽인지 얼마 지나지 않아 관모도 부상을 당한다. 나는 총을 든다.

관모의 움직임은 더 커가는 것 같았다. 금방 팔을 짚고 일어나 앉을 것 같은 생각이 들었다. 짠 것이 계속해서 입으로 흘러들어왔다. 나는 천천히 총대를 받쳐 들고 관모를 거누었다.

탕!

총소리는 산골의 고요를 멀리까지 쫓아버리듯 골짜기를 살살이 훑고 나서 등성이 너머로 사라졌다. 그 소리의 여운을 타고 웬 그리움 같은 것이 가슴으로 젖어들었다.

「**병신과 머저리**」(이청준)

관모가 김 일병을 죽였듯이 나는 관모를 죽인다. 살기 위해 부상당한 동료를 죽인다. 자신도 어쩌지 못하는 묵직한 어둠이 무의식에 자리를 잡는다. 내가 살기 위해 동료를 죽였다는 죄의식은 시간이 흐른 뒤에도 결코 사라지지 않고 삶을 어둠으로 몰아간다.

나는 의사로 어떤 소녀를 수술하다 실패한다. 소녀는 죽는다. 나의 실수도 아니고, 소녀는 죽을 수밖에 없는 운명이었다. 자기 책임이 아니지만 나는 소녀의 죽음이 자기 때문이라고 여기며 괴로워한다. 자신이 살기 위해 죽인 김 일병, 관모의 영상이 소녀에게서 겹쳐 떠오른다. 나는 병신이라고 욕을 먹는다. 맞다. 병신이다. 정신이 병들었으니 병신이 맞다. 육체에 생긴 병보다 훨씬 깊은 병이 정신을 좀먹는다.

"가자!"

철호가 그의 집 쪽으로 걸음을 옮겨 놓을 때마다 그만치 그 소리는 더 크게 들려왔다. 가자는 것이었다. 돌아가자는 것이었다. 고향으로 돌아가자는 것이었다.

옛날로 돌아가자는 것이었다. 그것은 이렇게 정신이상이 생기기 전부터 철호의 어머니가 입버릇처럼 되풀이하던 말이었다. 38선, 그것은 아무리 자세히 설명을 해주어도 철호의 늙은 어머니에게만은 아무 소용없는 일이었다.

⋯⋯(중략)⋯⋯

무슨 하늘이 알 만치 큰 부자는 아니었지만 그래도 꽤 큰 지주로서 한 마을의 주인 격으로 제법 풍족하게 평생을 살아오던 철호의 어머니 눈에는 아무리 그네가 세상을 모른다고는 해도 산등성이를 악착스레 깎아 내고 거기에다 게딱지같은 판잣집들을 다닥다닥 붙여 놓은 이 해방촌이 이름 그대로 해방촌일 수는 없는 노릇이다.

"나두 내 나라를 찾았다는 게 기뻐서 울었다. 엉엉 울었다. 시집올 때 입었던 홍치마를 꺼내 입고 춤을 추었다. 그런데 이 꼴 좋다. 난 싫다. 아무래도 난 모르겠다. 뭐가 잘못됐건 잘못된 너머 세상이디 그래."

철호의 어머니 생각에는 아무리 해도 모를 일이었던 것이었다. 나라를 찾았다면서 집을 잃어버려야 한다는 것은 그것은 정말 알 수 없는 일이었던 것이었다. 철호의 어머니는 남한으로 넘어온 후로 단 하루도 이 '가자'는 말을 하지 않는 날이 없었다. 그렇게 지내오던 그날, 6·25동란으로 바로 발밑에 빤히 내려다보이는 용산 일대가 폭격으로 지옥처럼 무너져 나가던 날 끝내 철호는 어머니를 잃어버리고 말았던 것이었다.

"큰애야 이젠 정말 가자. 데것 봐라. 담이 흠싹 무너뎄는데 삼팔선의 담이 데렇게 무너뎄는데. 야."

그때부터 철호의 어머니는 완전히 정신이상이었다.

「오발탄」 (이범선)

어머니는 독립이 되어서 울었다. 기뻐서 예쁜 옷 입고 춤을 추었다. 독립은 어둠이 끝난 광복이며 그토록 그리던 태양이 떠오르는 아침이었다. 이제 밝은 대낮에 함께 웃고 떠들며 즐겁게 살면 될 거라 믿었다. 그러나 기쁨은 오래 가지 않았다.

1946년, 38선 이북 지역에서는 '무상몰수 무상분배'의 원칙에 따라 토지개혁이 실시되었다. 일본인들이나 친일파들이 소유했던 토지는 무조건 몰수당했으며, 5정보 이상을 소유한 지주들의 땅도 몰수당했다. 이렇게 빼앗은 땅을 소작농이나 가난한 농민들에게 돈을 받지 않고 분배했다. 스스로 땅의 소유권을 포기하면 다른 농민들처럼 사는 것이 허용되었지만, 저항할 경우 가차 없이 토지를 빼앗겼다.

이 시기 많은 지주 출신 가족들이 땅과 집을 빼앗기고 남쪽으로 넘어왔다. 『오발탄』의 철호네 가족도 땅을 빼앗기고 남쪽으로 넘어왔다. 평생을 편안하게 살다가 모든 걸 잃고 한 순간에 가난뱅이가 됐으니 철호 어머니가 정신줄을 놓을만했다. 당시 북한은 토지개혁을 통해 가난한 농민들의 지지를 확보했으나, 땅을 많이 보유했던 부농층과 자본가층을 완전히 적으로 만들었다. 땅과 재산을 빼앗긴 이들은 남쪽으로 내려와 강력한 반공세력이 되었다.

『오발탄』에서 철호네 가족은 끔찍한 상황이다. 철호는 아픈 이를 빼낼 돈도 없어서 고통을 고스란히 감내하는 가난뱅이 직장인이고, 어머니는 늘 '가자!' 소리만 외치는 정신이상자며, 여동생은 미군에게 몸을 파는 양공주고, 동생은 현금을 털다가 경찰에 붙잡히고, 아내는 아이를 낳다가 죽는다.

미뤄두었던 이를 뽑은 철호는 피를 철철 흘리며 택시에 탄다. 죽은
아내에게 가야 할까? 정신이상자인 엄마에게 가야할까? 아니면 경찰서
에 갇힌 동생에게 가야할까? 그것도 아니면 또 다른 어딘가로 가야할
까? 철호는 어디로 가야할지 정하지 못한다. 택시는 탔지만 어디로 갈지
몰라 오발탄처럼 헤맨다.

"어쩌다 오발탄 같은 손님이 걸렸어. 자기 갈 곳도 모르게."
운전수는 기어를 넣으며 중얼거렸다. 철호는 까무룩히 잠이 들어가는 것 같은
속에서 운전수가 중얼거리는 소리를 멀리 듣고 있었다. 그리고 마음속으로 혼자
생각하는 것이었다. '아들 구실, 남편 구실, 애비 구실, 형 구실, 오빠 구실, 또
계리사 사무실 서기 구실, 해야 할 구실이 너무 많구나. 너무 많구나. 그래 난 네
말대로 아마도 조물주의 오발탄인지도 모른다. 정말 갈 곳도 알 수가 없다. 그런
데 지금 나는 어디건 가긴 가야 한다……'

「오발탄」 (이범선)

전쟁 뒤, 한국에는 제 구실을 못한 채 오발탄으로 사는 사람들이 가
득했다. 미래가 보이지 않는 끔찍한 현실 앞에 길을 잃지 않으면 이상했
다. 일단 목표는 살아남기였다. 어떻게 살아남아야 할지 몰랐지만 어쨌
든 살아남기 위해 또 다른 전투를 치렀다. 꿈, 자유, 인간성 따위의 숭고
한 가치는 생존의 과제 뒤로 전부 밀려났다.

그것은(시어머니가 계속 도리질 하는 증세) 6·25동란 통에 발작한 증세였다. 동란
당시 젊은 면장이던 그녀의 남편은 미처 피난을 못 가서 숨어 살아야 했다. 처음

엔 집에 숨어 있었지만 새로 득세한 패들의 기세에 심상치 않은 살기가 돌기 시작하고부터는 집에 숨겨놓는다는 게 암만 해도 불안했다. 어느 야밤을 타 그녀는 남편을 집에서 이십 리쯤 떨어진 광덕산 기슭의 산촌인 그녀의 친정으로 피신을 시켰다. 시어머니와 그녀만이 알게 감쪽같이 그 일은 이루어졌다. 어떻게 된 게 세상은 점점 더 못되게만 돌아가 이웃끼리도 친척끼리도 아무개가 반동이라고 서로 고자질하는 짓이 성행해, 피비린내 나는 끔찍한 일이 이 마을 저 마을에 하루도 안 일어나는 날이 없었다. 끔찍한 나날이었다. 이렇게 되자 그녀는 시어머니까지도 못 미더워지기 시작했다. 어리숙하고 고지식하기만 해 생전 남을 의심할 줄 모르는 시어머니가 행여 누구 꼬임에 빠져 남편이 가 있는 곳을 실토하면 어쩌나 싶어서였다. 시어머니 같은 사람이 살 세상이 아니었다. 그녀는 공부 못하는 아이에게 구구셈을 익혀주듯이 끈질기게 허구한 날 시어머니에게 '모른다'를 가르쳤다.

"어머님은 그저 모른다고만 그러세요. 세상없는 사람이 물어도 아범 있는 곳은 그저 모른다고 그러셔야 돼요.……"

……(중략)……

소름이 쪽 끼치고 간담이 서늘해지는 처참한 비명이었다. 그녀도 뛰어나가고 그녀의 남편까지도 엉겁결에 뛰어나갔다. 잠깐 아무도 분별력이 없었다. 저만치 뒷간 모퉁이에 패잔병인 듯싶은 지치고 남루한 인민군 서너 명이 일제히 총부리를 시어머니에게 겨누고 있었다. 그들도 놀란 것 같았다. 그들은 처음부터 누굴 해치려고 나타났다기보다는 그냥 시어머니와 마주쳤거나 마주친 김에 옷이나 먹을 것을 달랄 작정이었는지도 모른다. 그런데 그들이 무슨 말을 걸기도 전에 시어머니는 그 자리에 꼼짝 못하고 못 박힌 채 고개만 미친 듯이 저으며 "몰라요. 난 몰라요"를 딴 사람같이 드높고 새된 소리로 되풀이했다. 패잔병 중 한 사람의 눈에 살기가 번뜩이는가 하는 순간 총이 그녀의 남편을 향해 난사됐다. 그녀의 남편은 처참한 모습으로 나동그라지고 그들도 어디론지 도망쳤다. 이런 일은 일순에 일어났다. 그 후 거의 실성하다시피 한 시어머니를 오랫동안 극진히 봉양한 끝에 어느 만큼 회복은 됐지만 그때 뒷간 모퉁이에서 죽기로 기를 쓰고 흔들어대던 도리질만은 그때 같은 박력만 가셨다 뿐 멈출 줄 모르는 고질병이 되고 말았다. 그래서 도리도리 할머니라는 이 동네 명물 할머니가 됐다.

「겨울 나들이」(박완서)

누구도 믿지 못했다. 가족끼리도 이념으로 갈등하는 판국에 아무리 형제처럼 지내던 이웃이라 해도 믿을 수 없었다. 내가 살기 위해, 내 가족을 살리기 위해서는 어떤 선택도 가능했다. 믿음은 송두리째 부정되었다. 믿음이 사라진 사회, 오직 불신만 자라는 사회에서 인간성은 무덤으로 들어갔다.

군인이나 공무원의 가족은 더욱 심했다. 인민군이 호시탐탐 노리는 표적이었기 때문이다. 『겨울 나들이』에 나오는 어머니의 아들은 '면장'이었다. 인민군이 목숨을 노리는 핵심 표적이었다. 그래서 그 누구도 믿지 않았다. 친척도 믿지 않았다. 심지어 어머니조차 완전히 믿지는 못했다. 그래서 며느리는 여러 번 아무에게도 말하면 안 된다고 어머니에게 강조했다. 순박했던 어머니는 자기 실수로 자식이 죽지 않을까 늘 염려했다. 그러다 우연히 인민군 패잔병을 만났고 혹시라도 자기 잘못으로 자식이 죽지 않을까 하는 공포심에 소리를 질렀다. 고개를 힘차게 저었다. 절대 아니라고 부정했다. 그러다 아들이 죽었다. 자기로 인해 아들이 죽었다. 자기 실수로 자식을 죽게 한 어머니가 어떻게 세상을 살아갈까? 미치지 않고 어찌 목숨을 이어갈까?

6·25는 한국사회에 깊은 불신을 새겨 넣었다. 어느 누구도 이웃을 믿지 않았다. 중세시대 유럽에서 '마녀'로 몰리면 죽을 수밖에 없었다. 누구든 마녀로 몰릴 수 있었다. 평소에 사이가 안 좋은 사람에게 복수하기 위해 마녀라고 모함했고, 재산을 차지하려고 모함했다. 마녀로 한 번 몰리면 어떤 수를 써도 빠져나오지 못했다. 이웃 사이에 신뢰는 완전히 무너졌고 서로가 서로를 감시하고 의심하며 두려움에 떨어야했다.

6·25 이후 남한에서는 빨갱이가 곧 마녀였다. 빨갱이로 몰리면 사회에서 매장을 당했다. 가족 전체가 손가락질을 받았다. 그러니 이웃은 마음을 내주는 사이가 아니라 경계해야할 적에 가까웠다. 내 이웃이 언제 나를 빨갱이로 몰지 모르므로 긴장을 놓으면 안 된다. 빨갱이인 줄 모르고 괜히 어울렸다가 피해를 볼 수도 있으므로 혹시 빨갱이가 아닌지도 감시를 해야 한다. 빨갱이에 대한 두려움으로 서로가 서로를 감시하는 사회에서 신뢰는 자취를 감추었고, 인간관계는 파탄났다. 전쟁이 한국사회에 남긴 가장 깊은 상처는 신뢰의 상실이었다.

난리 후에 사상범(좌익 활동을 한 사람)으로 잡혀 무기형을 받은 허씨는 스물일곱 살부터 시작한 교도소 생활이 벌써 이십오 년에 이르고 있었지만, 언제나 갓 들어온 신참마냥 말도 없고 어리숙해 뵈는 사람이었다.

자네 운이 좋은 걸세. 쿨룩쿨룩. 나가면 혹 우리 집에 한번 들러봐 줄라나.

이거 원, 소식 끊긴 지가 하도 오래돼 놔서…… 죽었는지, 살았는지…….

사내가 출감하던 날, 허 씨는 고참 무기수답지 않게 눈물까지 글썽이며 사내의 손을 오래오래 잡고 있었다. 사내는 저만치 유리창 밖으로 들이치는 눈발 속에서 희끗희끗한 허씨의 머리카락이며 움푹 패어 들어간 눈자위를 기억해 내고 있다.

아마 지금쯤 그곳은 잠자리에 들 시간일 것이다. 젓가락을 꽂아 놓은 듯한 을씨년스런 창살 너머로 이 밤 거기에도 눈이 오고 있을까. 섬뜩한 탐조등의 불빛이 끊임없이 어둠을 면도질해 대고 있을 교도소의 밤이 뇌리에 떠오른다. 사내의 눈빛은 불현듯 그윽하게 가라앉고 있다. 그곳엔 사내가 잃어버린 열두 해 동안의 세월이 남아 있었다. 이렇듯 멀리 떨어져서도 그 모든 것들을 눈앞에 훤히 그려낼 수 있을 만큼 어느덧 사내는 이미 그 생활의 일부가 되어 있었다.

출감한 지 며칠이 지났건만 사내는 감방 밖에서 보낸 그간의 시간이 오히려 꿈처럼 현실감이 없다. 푸른 옷과 잿빛의 벽, 구린내 같은 밥 냄새, 땀 냄새, 복도를 걷는 간수의 구둣발 소리, 쩔그렁대는 쇳소리……. 그런 모든 익숙한 색깔과 촉감, 냄새, 소리, 그리고 언제나 똑같이 반복되는 일과 같은 것들이 별안간 그에게서 떨어져 나가버리고 대신에 전혀 생소한 또 다른 사물들의 질서가 사내에게 일방적으로 떠맡겨진 거였다. 그 새로운 모든 것들은 다만 사내를 당혹감에 빠뜨리고 거북하게 만들 뿐이었다.

「사평역」 (임철우)

전쟁이 끝난 뒤 38선 이남의 한국사회는 좌익 활동을 했던 사람들을 제거하거나, 사회에서 영원이 격리해야 할 암 덩어리로 취급했다. 많은 좌익 사상범들이 오랫동안 감옥에 갇혔다. 그 중에 상당수는 공산주의 사상을 포기한다는 각서(전향서)를 쓰고 다시 한국사회로 되돌아왔지만, 일부 사상범들은 자신의 신념을 포기하지 않고 수십 년을 감옥에서 살았다. 그들을 '비전향 장기수'라고 하였다.

20~30년을 감옥에 갇혀 지낸 이들이 숱하게 많았으며, 심지어 1951년부터 1996년까지 무려 45년 동안이나 감옥생활을 한 사람도 있었다.

그들은 단지 자신의 신념을 지키기 위해 그 오랜 시간을 감옥에 갇혀 지냈다. 보통 사람들의 기준으로는 신념 하나를 지키기 위해 일생을 감옥에서 보낸 비전향 장기수들의 선택이 이해가 안 되지만, 그들은 신념을 위해 수십 년의 인생을 걸었다. 비전향 장기수들은 분단된 한국사회에 묻혀 있던 깊고 어두운 상처였다.

비전향 장기수들은 1990년대에 모두 석방되었다. 그들 중 일부는 남북 정부의 협상을 통해 북한으로 인도되었다.

 오호, 여기 줄지어 누워 있는 넋들은
눈도 감지 못하였겠구나.

어제까지 너희의 목숨을 겨눠
방아쇠를 당기던 우리의 그 손으로
썩어 문드러진 살덩이와 뼈를 추려
그래도 양지바른 두메를 골라
고이 파묻어 떼마저 입혔거니

죽음은 이렇듯 미움보다도, 사랑보다도
너그러운 것이로다.

「초토의 시8」 (구상)

경기도 파주에는 6·25전쟁에 참전했다가 죽은 북한군과 중국군의 유해를 묻은 '적군 묘지'가 있다. 적군 묘지에는 한 때 우리를 향해 총을 겨누었던 시신이 묻혀 있다. 구상 시인은 적군 묘지에서 죽음 뒤에 화해하는 남북의 모습을 본 듯하다. 어제까지 서로 총을 겨누었던 그 손으로, 죽은 자의 시신을 묻어주는 배려에서 미움과 사랑을 넘는 너그러움을 읽었다.

전쟁도 미움도 죽음 앞에서는 아무런 의미가 없다. 죽은 이들을 묻어주는 너그러움이 분단된 시대를 사는 우리들의 가슴에 피어나야 하지 않을까?

5

1950년, 가난한 자와 부유한 자의 생존법

『중국인 거리·오발탄·공항에서 만난 사람·흰 종이 수염·
미스터 방·까삐딴 리·수난이대』

독립이 된 뒤에 먹고 살기가 조금은 나아질 줄 알았는데, 독립 이후에도 상황은 바뀌지 않았다. 땀 흘려 일해서 배곯지 않고 가족과 함께 소박한 밥상을 마주하며 웃는 꿈은 해방이 되어도 찾아오지 않았다. 더구나 수백만 명이 죽고 전 국토가 초토화된 6·25를 치렀으니 굶지 않고 살아남기가 개개인에게 만만치 않은 과제였다.

먹고 살기 힘든 한국인들에게 미국인은 생존을 위해 반드시 잡아야 할 동아줄이었다. 『중국인 거리』에서 '매기' 언니는 미군과 함께 산다. 부부는 아니다. 미군은 성 욕구를 채우기 위해 여자를 바라고, 매기 언니는 생존을 위해 미군과 함께 산다.

치옥이의 부모는 아래층을 쓰고 위층의 큰방은 매기 언니가 검둥이와 함께 세 들어 있었다. 치옥이는 큰방을 거쳐 가야 하는 협실과도 같은 좁고 긴 방을 썼다. 때문에 나는 아침마다 치옥이를 부르러 가면 그때까지도 침대 속에 머리

칼을 흩뜨리고 누워 있는 매기 언니와 화장대의 의자에 거북스럽게 몸을 구부리고 앉아 조그만 은빛 가위로 콧수염을 가다듬는 비대한 검둥이를 만났다.

……(중략)……

매기 언니의 방에서는 무엇이든 비밀이었다. 서랍장의 옷갈피 짬에서 꺼낸 비로드(벨벳) 상자 속에는 세 줄짜리 진주 목걸이, 여러 가지 빛깔로 야단스럽게 물들인 유리알 브로치, 귀걸이 따위가 들어 있었다. 치옥이는 그중 알이 굵은 유리 목걸이를 걸고 거울 앞에서 단호하게 말했다. 난 커서 양갈보가 될테야. 매기 언니가 목걸이도 구두도 옷도 다 준댔어.

「중국인 거리」 (오정희)

사람들은 매기 언니와 같은 사람을 양갈보라 부르며 손가락질을 했다. 양갈보는 완벽하게 도덕심을 잃은 여성을 상징했다. 아무리 가난하고 살기 어려워도 양갈보는 되면 안 되는 것이 그 시대 사람들의 도덕관념이었다. 그러나 치옥이는 '양갈보가 되겠다'고 결심한다. 매기 언니가 누구보다 풍족하게, 화려하게 살기 때문이다. 당시 사람들은 꿈에도 상상 못하는 물건이 가득한 매기 언니의 방을 접한 어린 여자 아이에게 어른들의 도덕관념 따위는 아무런 고려 대상이 아니었다. 생존을 보장받고 화려하게 치장하는 직업보다 더 좋은 직업은 없어 보였다.

철호는 언젠가 퇴근하던 길에 전차 창문 밖으로 본 명숙의 꼴을 생각하고 있는 것이었다. 철호가 탄 전차가 을지로 입구 십자 거리에 머물러 신호를 기다리고 있었다. 손잡이를 붙들고 창을 향해 서 있던 철호는 무심코 밖을 내다보았다. 전차 바로 옆에 미군 지프차가 한 대 와 섰다. 순간 철호는 확 낮이 달아올랐다.

핸들을 쥔 미군 바로 옆자리에 색안경을 쓴 한국 여자가 앉아 있었다. 그것이 바로 명숙이었던 것이다. 바로 철호의 턱밑에서였다. 역시 신호를 기다리는 그 지프차 속에서 미군이 한 손은 핸들에 걸치고 또 한 팔로는 명숙의 허리를 넌지시 끌어안는 것이었다. 미군이 명숙의 얼굴을 들여다보며 뭐라고 수작을 걸었다.

······(중략)······

명숙이가 일어섰다. 그리고 아랫방으로 내려갔다. 벽에 걸어 놓았던 핸드백을 열었다.

"옛수."

백 환짜리 한 다발이 철호 앞 방바닥에 던져졌다. 명숙은 다시 돌아서서 백을 챙기고 있었다. 철호는 명숙의 뒷모습을 물끄러미 바라보고 있었다. 철호의 눈이 명숙의 발 뒤축에 머물렀다. 나일론 양말이 계란만치 구멍이 뚫렸다. 철호는 명숙의 그 구멍 뚫린 양말 뒤축에서 어떤 깨끗함을 느끼고 있었다. 오래간만에 참으로 오래간만에 철호는 명숙에 대한 오빠로서 애정을 느꼈다.

「오발탄」 (이범선)

『오발탄』에서 여동생 명숙도 양공주 노릇을 한다. 철호는 길거리에서 명숙이 미군과 어울리는 모습을 보고는 충격을 받는다. 부끄러워 어쩔 줄 모른다. 명숙은 생존을 위해 양공주를 한다. 철호의 아내가 병원에 입원했을 때 철호는 돈이 없어서 쩔쩔맸지만 명숙은 척 하니 돈을 내놓는다. 미군에게서 받은 돈이 있기 때문이다. 양공주를 비난하고 손가락질하는 사람들도 그들이 지닌 돈은 부러워했다. 부러우면서도 손가락질한다. 말이 안 되는 듯해도 그런 이중의 감정이 양공주를 대하는 이들에게 있었다.

철호는 구멍 뚫린 명숙의 양말을 보고 명숙을 향한 오빠로서 정을 모처럼 느낀다. 구멍 난 양말을 보며 철호는 명숙이 영혼까지 타락하진 않았음을, 가련한 처지를 이겨내려 애쓰는 명숙의 처절함을 본 것이다.

바깥에서는 갑작스런 소음이 끓었다. 무슨 사건이 일어났구나. 나는 가슴을 두근대며 베란다로 나갔다. 불이 나간 지 오래되어 깜깜한 거리, 치옥이네 집과 우리 집 앞을 메우며 사람들이 가득 와글와글 떠들고 있었다. 뒤미처 늘어선 집들의 유리문이 드르륵 열리고 베란다로 나온 사람들이 무슨 일이냐고 소리쳤다. 죽었다는 소리가 웅성거림 속에 계시처럼 들렸다. 모여선 사람들은 이어 부르는 노래를 하듯 입에서 입으로 죽었다는 말을 옮기며 진저리를 치거나 겹겹의 둘러 싼 틈으로 고개를 쑤셔 넣었다. 나는 턱을 달달 떨어 대며 치옥이네 집 이층, 시커멓게 열린 매기 언니의 방과 러닝셔츠 바람으로 베란다의 난간을 짚고 아래를 내려다보고 있는 검둥이를 보았다. 잠시 후 요란한 사이렌을 울리며 미군 지프가 달려왔다. 겹겹이 진을 친 사람들이 순식간에 양쪽으로 갈라졌다. 헤드라이트의 쏟아질 듯 밝은 불빛 속에 매기 언니가 반듯이 누워 있었다. 염색한, 길고 숱 많은 머리털이 흩어져 후광처럼 얼굴을 감싸고 있었다. 위에서 던져 버렸다는 군. 검둥이는 술에 취해 있었다. 엠피가 검둥이의 벗은 몸에 군복을 걸쳐 주었다. 검둥이는 단추를 풀어헤치고 낄낄대며 지프에 실려 떠났다.

「중국인 거리」 (오정희)

미군은 술을 먹었고, 다투던 매기를 홧김에 2층 창문 밖으로 집어던 졌다. 매기는 즉사했다. 미군은 매기를 죽인 뒤 헌병대 지프차에 실려 끌려갔다. 끌려갈 때 미군은 '낄낄대며' 웃었다. 죄의식 따위는 없었다. 그

동안 노는데 쓰던 장난감이 싫증나서 망가뜨린 아이처럼 매기를 파괴했다. 『중국인의 거리』에 나오는 미군에게 매기는 사람이 아니라 쾌락의 '도구'였을 뿐이다.

어차피 시작부터 둘은 수평 관계가 아니었다. 한쪽은 본국에서 멀리 떨어져 지내는 외로움을 달래기 위해 잠시 한국인 여자를 찾았다. 한국인 여성은 죽지 않기 위해 온 힘을 다해 미군에게 매달렸다. 유흥을 원하는 남자와 인생을 건 여자의 만남이었고, 결과는 한쪽에게만 비극이었다.

미군은 단지 한 여성에게만 윗사람이 아니었다. 미군은 대한민국 전체에게 윗분이었다. 미군이 도와주지 않았다면 한국은 없어졌다. 미군은 은인이었다. 은혜를 지나치게 고마워하다보니 한국 정부는 미군에게 특권을 인정해줬고, 범죄를 저질러도 제대로 처벌하지 못했다. 『중국인의 거리』에서 미군이 한국인을 죽였음에도 한국 경찰은 아무런 조치도 못했다. 미군 범죄는 미군이 알아서 관리했는데, 사람을 죽여도 제대로 처벌받지 않는 경우가 다반사였다.

주한미군이 한국의 법 위에 군림하는 일은 6·25전쟁 때나 그 직후에만 벌어졌던 것은 아니다. 'SOFA(한미행정협정)'에 따르면 미군과 그 가족은 한국에서 범죄를 저질러도 특별한 경우가 아니면 한국에서 재판을 받지 않는다. 웬만큼 큰 관심을 받는 사건이 아니면 미군의 범죄는 한국이 처벌할 수도 없다. 『중국인 거리』에서 '매기' 언니가 죽임을 당한 것보다 더 잔인한 범죄가 1992년 10월 동두천에서 일어났다.

미군전용클럽에서 일하던 여성 '윤금이'가 마이클이라는 주한미군에게 끔찍하게 살해당했다. 살해 방법과 시신 훼손이 상식을 넘어 사이

코패스 수준이었기에 언론의 관심이 집중되었고, 한국사회 전반에 큰 충격을 주었다. 여론에 떠밀려 살인자 마이클은 한국에서 재판을 받고 15년형을 선고받았다. 범죄의 잔인함에 비춰 대단히 미약한 처벌이었다. 그 뒤로도 미군 범죄는 끊이지 않았으며, 솜방망이 처벌 논란은 계속되었다. 미군 범죄가 벌어질 때마다 SOFA 개정 문제가 큰 관심이 되었지만 불합리한 조항을 바꾸는 수준의 개정은 이뤄지지 않았다.

6·25사변 중의 한 때를 나는 미8군 PX에서 점원 노릇을 한 적이 있다. 무대소 아줌마는 그때 그곳의 청소부였다. 지금 같으면 백화점 점원과 청소부와 관계는 그저 얼굴이나 알고 지내는 관계겠지만, 그때는 서로 없어서는 안 될 긴한 동업자끼리였다.

PX물건이란 시중으로 갖고 나가기만 하면 곱절도 세 곱절도 넘는 장사가 되게 되어 있지만 문제는 어떻게 갖고 나가느냐였다. 훔친 물건이 아니라 엄연히 달러 들여놓고 그만큼의 물건을 손에 넣는 거였지만 그걸 지니고 있을 수도, 갖고 다닐 수도 없었다. 양키들은 우리를 도둑놈 지키듯 했고, 그네들 상품을 지니고 있다가 들키면 현행범으로 취급돼 물건 빼앗기고 패스포트 빼앗기고 블랙리스트에 올라 딴 미군 기관에 취직도 못 하게 전도를 막았다.

……(중략)……

여종업원의 몸수색을 위해선 여순경이 배치돼 있었다. 여순경은 자주 갈렸지만 곧 우리에게 포섭됐다. 양키들이 도둑 잡으라고 갖다놓은 순경이 도둑 편이 된 걸 알면 기가 찰 노릇이지만, 우리 편에서 볼 땐 그 어려운 시기를 굶어 죽지 않고 살아남기 위해 우리가 동족끼리 한 패가 된다는 건 지극히 자연스러운 일이었고 또 마땅히 그래야 할 일이었다.

······(중략)······

PX에 취직했다 하면 아무리 막일꾼이라도 곧 일확천금할 것처럼 외부에선 알았지만 그런 달콤한 기대보다는 하루살이 신세를 각오하고 들어오는 게 편했다. 매일같이 무슨 트집이든지 잡혀 사람이 쫓겨나고 또 새로운 사람이 들어왔다.

「공항에서 만난 사람」 (박완서)

양공주들만 미군에 의지해서 사는 것이 아니었다. 전쟁 뒤 물자가 부족했던 한국과 달리 미군은 세계 제일의 공업국답게 풍족한 물자를 자랑했다. 미군이 쓰는 물건은 한국인들에게 금덩이와 다름없었다. PX는 미군을 위해 식품을 비롯한 상품을 파는 군대 내 슈퍼마켓이었다. 군인들을 위한 슈퍼마켓이었기에 세금이 붙지 않아 물건 가격이 쌌다.

주한미군은 대규모 병력이 주둔했기에 그에 따른 일손이 많이 필요했다. 많은 한국인들이 주한미군과 관계된 일을 하며 먹고 살았다. 특히 PX는 풍부하고 다양하고 싼 물건들 때문에 한국인들에겐 금광이나 다름없었다. PX에서 물건을 제대로 빼내면 엄청난 돈을 벌었다. 물론『공항에서 만난 사람』에서 보듯이 걸리면 끝장이었다. 그래도 가난을 벗어나기 위해 사람들은 인생을 걸고 모험을 했다.

주한미군은 한국사회의 문화에도 큰 영향을 끼쳤다. 음악가들이 음악을 만들어도 소비해줄 소비자가 없는 상황에서 주한미군들은 음악인들에게 숨구멍을 열어주었을 뿐 아니라, 발전된 미국의 대중음악을 접하는 통로이기도 했다. 이때 활동한 음악가들은 한국 대중음악의 뿌리와 같은 역할을 했다. 주한미군을 통해서 미국 문화를 접한 한국인들이 점점 늘면서 미국의 문화는 우수한 문명국 문화로 대접을 받았고, 한국

의 전통문화를 뒤로 밀어내고 새로운 주류문화로 한국사회에 뿌리를 내
렸다.

쫓겨 나온 교실이 마음에 있다거나 선생님의 교탁 안으로 들어간 책보가 걱
정이 된다거나 해서가 아니었다. 그런 알량한 몇 권의 헌책 나부랭이 혹은 사친
회비(학부모와 교사로 이루어진 모임에 내는 돈)를 못 내고 덤으로 앉아서 얻어 배우는
치사스러운 공부 같은 것은 차라리 시원했다. 집으로 돌아가서 돈을 가져오라는
호령 따위도 이미 면역이 된지 오래여서 시들했다. 그러나 돈을 못 가지고 오겠
거든 아버지나 어머니를 데려오라는 데는 딱 질색이었다.

……(중략)……

"아부지 집에 없심더."

했다.

"어디 가고 없노?"

"노무자 나갔심더."

"……"

징용에 나갔다는 말을 듣자 선생은 잠시 말이 없다가,

"그럼 어머니라도 데려와."

……(중략)……

집에 와서 갈아입었는지 아버지의 입성(衣)은 깨끗했다. 징용에 나가기 전, 목공
소에 다닐 때 입던 누런 작업복 하의에 삼베 샤쓰…… 그런데,

"에!"

이게 웬 일일까? 동길이는 두 눈이 휘둥그레지고, 입이 딱 벌어졌다. 그러나 어
머니는 동길의 놀라는 모습을 돌아보지 않고 후유! 한숨을 쉴 따름이었다. 동길

이는 떨리는 손으로 한쪽 소맷부리를 들추어보았다. 없다. 분명히 없다.

동길이는 어머니를 향해 소리쳤다.

"어무이! 아부지 팔 하나 없다!"

……(중략)……

"아아, 쌍권총을 든 사나이, 아아, 오늘 밤의 활동사진은 쌍권총을 든 사나이. 많이 구경 오이소! 많이많이 구경 오이소!"

그리고 메가폰을 입에서 뗀 그 희한한 사람의 시선이 동길이의 시선과 마주쳤다. 순간, 동길이의 가슴이 철렁 내려앉고 말았다. 뒤통수를 야물게 한 대 얻어맞은 것 같았다. 그리고 눈물이 핑 돌았다. 어처구니가 없었다. 그 희한한 사람이 바로 아버지였던 것이다.

「흰 종이 수염」(하근찬)

전쟁 뒤, 가난한 집 아이들은 학교도 다니기 힘들었다. 사친회비를 내지 못한다고 쫓아내기 일쑤였다. 이는 꼭 선생님이 못됐기 때문이 아니다. 학교도 돈이 없었다. 학교를 운영하려면 돈이 필요한데 돈이 나올 곳이 없으니 학생들을 다그칠 수밖에 없었다. 가난한 집 아이들이 대다수인 상황에서 아이를 교육시키기 위해서 부모들은 허리가 부러지도록 일을 하고, 체면도 버려야 했다.

그나마 돌아온 아버지는 팔이 없었다. 유능한 목수였던 아버지는 더 이상 목수 일을 하지 못한다. 아들이 사친회비가 없어서 학교에서 쫓겨난 걸 안 아버지는 아들의 교육비를 위해 흰 종이 수염을 쓰고 아이들의 구경거리가 되는 일도 마다하지 않는다. 처음엔 '흰 종이 수염'을 단 사람을 보고 웃고 떠들던 아들은 자기 아버지임을 확인하고는 눈물이 핑

돈다. 서럽다. 내 아버지가 나 때문에 사람들의 놀림감을 자처했다는 사실에 분이 치민다. 아버지가 밉고 세상이 밉다.

가난한 이들은 오직 살아남겠다는 단순한 목표를 위해 처절하게 온몸을 던졌다. 온 인생을 걸지 않으면 굶어 죽을 수밖에 없었다. 그러나 모두가 힘들게 살지는 않았다. 조선 말기와 대한제국시대에 외세에 빌붙었던 양반들, 식민지시대 때 일제에 빌붙었던 친일매국노들은 권력의 끈을 잡고 안락함을 누렸다. 독립이 된 뒤에도 사정은 바뀌지 않았다. 북에서는 소련에 빌붙고, 남에서는 미군에 빌붙어 권력과 부를 누리는 자들이 많았다.

『미스터 방』에서 방삼복은 거리에서 구두를 닦는 가난뱅이였다. 독립이 온다고 해서 기뻐하지도 않았다. 오히려 장사가 안 될까봐 걱정이었다. 그러다 어떻게 해야 자기 팔자를 바꾸게 될지를 알았다. 바로 미군이었다. 영어를 조금 할 줄 알았던 방삼복은 '미스터 방'이 되어 미군과 친하게 지냈다. 그 덕분에 미스터 방은 감히 누구도 넘볼 수 없는 권력과 부를 움켜쥐었다.

거진 매일같이 미스터 방은 S소위(미국인 장교)를 낮에는 거리의 구경으로, 밤이면 계집 있는 술집으로 인도하였다. 한번은 탑골공원의 사리탑을 구경하면서, 얼마나 오랜 것이냐고 S소위가 물었다. 미스터 방은 언젠가, 수천 년 된 것이란 말을 들었기 때문에 투 따우샌드 이얼스라고 대답하였다.

……(중략)……

"수 주사가 이거 두구 갑디다."

들고 올라온 각봉투 한 장을 남편에게 건네어 준다.

"어디?"

그러면서 받아 봉을 뜯는다. 소절수(수표) 한 장이 나온다. 액면 만 원짜리다.

미스터 방은 성을 벌컥 내면서

"겨우 둔 만 원야?"

하고 소절수를 다다미(일본식 바닥) 바닥에다 홱 내던진다.

"내가 알우?"

"우라질 자식. 어디 보자. 그래 전, 걸 십만 원에 불하(일본인 소유의 재산을 개인이 받는 것) 맡다 백만 원 하난 냉겨 먹을 테문서, 그래 겨우 둔 만 원야? 엠병헐 자식. 내가 엠피(MP. 미국인 헌병)헌테 말 한마디문, 전 어느 지경 갈지 모를 줄 모르구서."

"정종으루 가져와요?"

"내 말 한마디에 죽을 눔이 살아나구, 살 눔이 죽구 하는 줄을 모르구서, 흥, 이 자식 경 좀 쳐 봐라……. 증종 따근하게 데와. 날두 산산허구 허니."

『미스터 방』 (채만식)

미군은 신한공사를 설립해 일본인이 남기고 간 재산(적산)을 관리했다. 미군은 신한공사를 통해 적산을 한국인들에게 나누어주었는데, 적산을 받은 이는 큰 이득을 챙겼다. 미스터 방은 미군과 잘 알기 때문에 중간에서 이권을 챙기기 쉬웠다. 백만 원을 남겨 먹을 적산을 받게 해줄 텐데 겨우 돈 만 원만 뇌물로 주었다고 화를 낸다. 그러나 미스터 방의 위세는 오래가지 못한다. 이를 닦다가 아래로 내뱉은 양칫물이 재수 없게도 미군 S소위의 얼굴에 떨어졌기 때문이다. S소위는 노발대발하였고 미스터 방의 권력은 그대로 끝난다.

『미스터 방』은 미군이 주둔한 뒤 한국사회의 권력이 어디에 있었으며, 어떤 식으로 돌아가는지 아주 잘 보여준다. 미군은 해방 후 남한 사회에서 절대 권력자였다. 미군이 막강한 권력의 위치를 차지하자, 영어는 식민지시대 일본어를 대신하여 한국을 지배하는 언어가 되었다.

미스터 방이 미군에게 빌붙었다가 끈 떨어진 신세가 되어 몰락했다면 『까뻬딴 리』의 이인국 박사는 일본, 소련, 미국에게 번갈아가며 빌붙어서 권력을 누리는 뛰어난 수완을 보여준다. 평양에 사는 의사인 이인국 박사는 가정에서도 일본말만 쓸 정도로 철저한 친일파였다. 환자의 생명을 살리고 치료하는데 관심을 두기보다 환자가 건네는 돈에 더 관심이 많은 속물이었다. 그런 그가 독립이 되자 위기를 맞이한다. 독립이 된 뒤 친일파들은 첫 번째 제거 대상이었다. 더구나 자신이 제대로 치료해 주지 않았던 환자가 친일파 척결을 주도하는 상황이었다.

 이인국 박사는 그때나 지금이나 자기의 처세 방법에 대하여 절대적인 자신을 가지고 있다.

"얘, 너 그 노어(러시아어) 공부를 열심히 해라."

"왜요?"

아들은 갑자기 튀어나오는 아버지의 말에 의아를 느끼면서 반문했다.

"야 원식아, 별수 없다. 왜정(일제 강점기) 때는 그래도 일본 말이 출세를 하게 했고, 이제는 노어가 또 판을 치지 않니. 고기가 물을 떠나서 살 수 없는 바에야 그 물속에서 살 방도를 궁리해야지. 아무튼 그 노어(러시아어) 말 꾸준히 해라."

『까뻬딴 리』 (전광용)

소련이 38선 이북에 진주하자 이인국 박사는 단박에 '러시아어'를 하면 소련과 끈이 연결되고, 살아남을 수 있다는 사실을 깨닫는다. 이인국 박사는 살기 위해 치열하게 러시아어를 익힌다. 친일파였던 이인국 박사는 치안대에 끌려간다. 민족과 조국을 팔아먹은 개돼지만도 못한 놈이란 욕을 들으며 총살될 거란 위협을 받는다. 그러나 그에겐 러시아어가 있었다. 크게 아픈 소련 장교를 치료하는 행운까지 잡는다.

이인국 박사의 뜨내기 노어도 가끔 순시하는 스텐코프와 인사말을 주고받을 수 있을 정도로 진전되었다. 이 안에서 모든 독서는 금지되었지만 노어 교본과 당사(정당의 역사)만은 허용되었다. 이인국 박사는 마치 생명의 열쇠나 되는 듯이 초보 노어 책을 거의 암송하다시피 했다.

……(중략)……

완치되어 퇴원하는 날 스텐코프는 이인국 박사의 손을 부서져라 쥐면서 외쳤다.

"꺼삐딴 리, 스바씨보('고맙다'는 러시아어)"

이인국 박사는 입을 헤벌리고 웃기만 했다. 마음의 감옥에서 해방된 것만 같았다.

『까삐딴 리』(전광용)

러시아 장교 스텐코프와 친해지자 이인국 박사의 앞날이 활짝 열렸다. 소련군과 끈이 닿자 그에겐 더 이상 민족반역자란 꼬리표도 따라붙지 않았다. 소련군은 38선 이북에서 절대 권력자였고, 이인국 박사는 절대 권력자의 목숨을 구해주고 말도 통하는 사이였기 때문이다.

그러다가 6·25전쟁이 터지자 이인국 박사는 남으로 내려온다. 이번에는 미국인과 친해진다. 핵심 무기는 역시 언어다. 식민지시대 때 익혔던 영어를 활용해 미군가 친해진 이인국 박사는 일제에 빌붙었던 과거도, 소련군에 빌붙었던 과거도 모두 지워버리고 새로운 인생을 산다. 다른 사람 같았으면 친일파에 빨갱이라 비난을 받고 심하면 죽임을 당할 수도 있었지만, 미군과 연결된 이인국 박사는 아무도 건드리지 못한다.

브라운 씨가 영어 반 한국말 반으로 섞어 하는 이야기를 들으면서 이인국 박사는 흐뭇한 기분에 젖었다.

"닥터 리는 영어를 어디서 배웠습니까?"

"일제시대에 일본 말 식으로 배웠지요. 예를 들면 '잣도 이즈 아 캇도' 식루요."

"그런데 지금 발음은 좋은데요. 문법이 아주 정확한 스탠더드 잉글리시입니다."

그는 이 말을 들을 때 문득 스텐코프의 말이 연상됐다.

······(중략)······

'흥, 그 사마귀 같은 일본놈들 틈에서도 살았고, 닥싸귀(달걀의 제주 방언) 같은 로스케(러시아인) 속에서 살아났는데, 양키(미국인)라고 다를까······. 혁명이 일겠으면 일구, 나라가 바뀌겠으면 바뀌구, 아직 이 이인국의 살 구멍은 막히지 않았다. 나보다 얼마든지 날 뛰던 놈들도 있는데, 나쯤이야······.'

그는 허공을 향하여 마음껏 소리치고 싶었다.

「까삐딴 리」(전광용)

이인국은 사마귀 같은 일본놈들 틈에서도 살아남고, 달걀 같은 러시아인들 속에서도 살아남고, 미군이 위세를 떨치는 상황에서도 살아남았다. 단지 살아남은 정도가 아니라 권력과 부를 누리며 떵떵거리며 살았다. 이인국은 외세가 지배하는 세상에서 살아남는 방법을 알았다. 이인국이 선택한 방식은 조선 말기 외세를 끌어들여 같은 동포를 친 왕비 민씨에서 출발하여 수없이 많은 이들이 따라간 처세술이었다.

지금, 대한민국의 상황은 이인국이 활동했던 시대와 얼마나 달라졌을까? 필자가 보기엔 크게 달라지지 않았다. 독재 권력이 위세를 떨칠 때는 독재에 빌붙은 자들이 떵떵거리며 살았다. 재벌들의 힘이 커지자 재벌에 빌붙은 자들이 부를 누렸다. 권력과 부를 가진 자들에게 빌붙은 자들은 늘 잘 살았다. 만약 단 한 번이라도 이인국과 같은 기회주의자들을 따끔하게 처벌했다면 오늘날 대한민국은 많이 달라졌을 것이다.

이인국과 같은 간사한 자들이 권력에 기대어 생존했다면 가난한 서민들은 서로에 기대어 살아갔다. 『수난이대』의 박만도는 일제에 징용으로 끌려가 한 팔을 잃었다. 삼대독자인 진수가 전쟁에서 살아 돌아온다는 소식에 하늘을 날듯이 기뻤지만, 기쁨은 오래가지 못했다.

 "아부지!"

부르는 소리가 들렸다. 만도는 깜짝 놀라며, 얼른 뒤를 돌아보았다. 그 순간, 만도의 두 눈은 무섭도록 크게 떠지고 입은 딱 벌어졌다. 틀림없는 아들이었으나, 옛날과 같은 진수는 아니었다. 양쪽 겨드랑이에 지팡이를 끼고 서 있는데, 스쳐 가는 바람결에 한쪽 바짓가랑이가 펄럭거리는 것이 아닌가. 만도는 눈앞이 노오래지는 것을 어찌지 못했다. 한참 동안 그저 멍멍하기만 하다가, 코허리가 찡해지면서 두 눈에 뜨거운 것이 핑 도는 것이었다.

"에라이 이놈아!"

만도의 입술에서 모지게 튀어나온 첫마디였다. 떨리는 목소리였다. 고등어를 든 손이 불끈 주먹을 쥐고 있었다.

"이기 무슨 꼴이고, 이기."

"아부지!"

"이놈아, 이놈아……."

만도의 들창코가 크게 벌름거리더라가 훌쩍 물코를 들이마셨다.

「수난이대」 (하근찬)

아버지는 식민지를 겪으며 팔을 잃었다. 아들은 동족상잔의 전쟁을 겪으며 다리를 잃었다. 대를 이어 비극이 이어졌다. 아들이 살아온다는 소식에 기뻐하던 아버지는 다리를 잃은 아들을 보고 절망한다. 어찌 이리도 비극은 대를 이어 계속될까? 서럽고도 서럽다.

절망하며 집으로 돌아가는 길에 아들과 아버지는 외나무다리를 만난다. 아들은 외다리가 되었기에 외나무다리를 건너지 못한다. 두 다리가 튼튼한 아버지는 다리 하나를 잃은 아들을 등에 업고 외나무다리를 건넌다. 민족의 비극으로 인해 불구가 된 두 사람이 서로 기대어 외나무다리를 건넌다.

외나무다리는 식민지와 전쟁을 겪은 우리 민중들이 지나와야 했던 시련의 길을 상징한다. 수많은 민중들이 외나무다리를 건넜다. 서로가 서로를 의지하며 건넜다. 다리를 잃은 사람과 팔을 잃은 사람이 서로 의지하며 건넜다. 서로 의지하지 않았다면 고단한 삶을 버틸 수 없었을 것이다. 식민지와 전쟁을 겪으며 극심한 상처를 받은 서민들은 서로의 상처를 껴안고, 보듬으며 버텨나갔다. 한 쪽 다리로, 한 쪽 팔로 서로 지팡이가 되어 살았다. 그것이 서민들의 생존방식이었다.

3부

1960~1987

독재와 고속성장이

빚어낸

어둠의 시대

1945

1910

까칠한
문학 속
친절한
현대사

필자의 형제는 총 6남매인데 1958년에서 1970년에 거쳐 태어났다. 누나와 형들은 보릿고개의 고통을 그대로 겪었다. 필자가 태어나고 나서야 배를 곯지 않았다고 한다. 아버지는 외아들이었고 홀어머니와 살다가 일찍 결혼하셨다. 어머니는 동네 뒷산을 넘으면 있는 이웃 마을 처녀였다. 필자는 네 살까지 엄마 젖에 매달렸다고 하는데, 아마도 엄마가 종종 멀리 떠났기에 엄마랑 있는 중에는 엄마와 꼭 붙어 있고 싶어서였는지도 모르겠다. 필자는 6남매 중에 유일하게 분유와 모유를 함께 먹었다. 지금은 엄마 젖이 더 좋은 걸 알았지만 그때는 분유를 먹는 게 더 좋다는 인식이 있었다. 그 바람에 형과 누나들은 굉장히 부러워했다고 한다. 4살까지 젖을 빨았기에 엄마 젖만 먹고 자란 줄 알았는데, 나중에 분유를 먹고 자랐다는 말을 듣고는 작은 충격을 받은 기억이 생생하다.

필자가 살던 집은 조그만 방이 세 개인 초가집이었는데 처음에는 전깃불이 들어오지 않았다. 호롱불을 켜놓고 누런 한문책을 보던 기억이 지금도 떠오른다. 초등학교 4학년 때 초가집을 허물고 기와집을 지었다. 초가집에서 기와집으로 바뀐 기쁨은 이루 말할 수 없었다. 새집을 짓고 나서 TV가 들어왔다. 안테나를 돌려서 전파를 잡았는데 바람이 강하게 불고 나면 안테나를 다시 맞추느라 애를 썼다.

그러다 우리 집에 큰 위기가 닥쳤는데 아버지가 농약 중독으로 쓰러지신 것이다. 그때는 얼마나 심각한지 잘 몰랐는데 나중에 아버지가 심하게 앓던 날 밤, "잠들었으면 죽었어." 하고 말씀하셔서 심각한 상태였다는 걸 알았다.

아버지는 훌륭한 농부였다. 유기농 농사를 짓지는 않았지만 농부로서 최선을 다하고 성실하게 사셨다. 새벽에 배추를 실은 수레를 끌고서 수십 킬로미터 떨어진 읍내까지 다녀오신 적도 많았다. 군에서 열린 풀베기 대회에서 2등을 하기도 했고, 새마을회 회장으로 활동하며 마을 일에 앞장서기도 했다. 파킨슨병이 걸리시기 전까지 6년 정도 쓰신 농사 일기가 남아 있는데, 그 일기를 읽을 때마다 아버지의 성실함에 놀란다.

어린 시절 가장 서운한 기억 중 하나는 친하게 지내던 친척이 경기도 쪽으로 이주한 일이었다. 마음 터놓고 지내는 유일한 친척이었기에 그 서운함은 이루 헤아릴 수 없이 컸다. 우리가 어렸을 때는 마을에 애들이 참 많았지만 시간이 흐르면서 점점 아이들이 줄었고, 젊은 사람들은 고향을 떠났다. 필자조차도 당시에는 시골에서 살 생각을 전혀 하지 않았다.

1979년, 초등학교 4학년 때 박정희 대통령이 총에 맞았다는 뉴스를 듣던 날, 펑펑 울면서 이제 다음 '박정희 대통령'은 누가 하냐고 걱정했다. 태어나서 그때까지 대통령은 늘 박정희였기에 대통령이 되면 이름도 박정희가 되는 줄 알았다.

1980년, 초등학교 5학년 때 5·18광주민주화운동 당시는 전두환 정권이 전하는 뉴스만 듣고는 빨갱이들이 나를 죽이러 오면 어떻게 하나 걱정했다. 어두워지는 하늘을 보며 등골이 써늘했던 기억을 떠올리면 지금도 오싹하다. 그리고 그때 감쪽같이 속았다는 사실을 20대가 돼서야 알았다.

1

급성장, 안개 속을 헤매는 도시인

『뉴욕 제과점·서울, 1964년 겨울·타인의 방·꽃』

배가 바다 상황에 따라 흔들리 듯, 삶은 사회에 따라 흔들리기 마련이다. 전쟁과 분열로 얼룩진 1950년대가 끝나고 1960년대가 오면서 세상이 바뀌었고, 세상이 바뀌자 삶의 색깔도 바뀌었다.

1960년, 이승만 정권의 부정부패와 독재에 맞서 4·19혁명이 일어났다. 진정한 민주화시대가 열리나 싶었지만 1961년 5월 16일, 군부쿠데타가 일어났다. 쿠데타로 권력을 장악한 군사정권은 집권의 정당성을 확보하기 위해 경제성장에 매달렸고, 모든 에너지를 경제개발에 집중시켰다. 전통가치는 낡고 뒤떨어졌다며 외면당했으며, 서민들이 살기에 도시나 농촌이나 힘들었지만, 농촌보다는 도시가 나았기에 도시로 이주하는 사람들이 늘었다.

내 마음을 풍요롭게 만든 것은 어디까지나 불빛들이었다. 추석 즈음 역전 근처 평화 시장에 붐비던 노점상의 카바이드등 빛과 상점마다 물건을 쌓아 놓은 거리에 내걸었던 60촉 백열등의 그 오렌지 불빛들, 혹은 크리스마스 가까울 무렵이면 상점 진열창마다 서로의 빛 속으로 스며들며 반짝이던 울긋불긋한 불빛들이나 역전에 모여든 빈 택시들의 차폭등과 브레이크등이 내뿜던 붉은 불빛, 또 귀성열차가 도착하기만을 손꼽아 기다리면서 운전사들이 피우던, 그만큼이나 붉었던 담배 불빛들, 그 가물거리는 것들. 내 기억 속에서 그 불빛들이 하나둘 켜지면 절로 행복한 맘에 젖어 들게 된다. 어두운 역전 밤거리에 붐비던 그 불빛들은 따스했다. 우리가 지금 대목을 지나가고 있음을 알려 줬으니까. 사람들이 줄지어 선 서울역 광장이나 꼬리에 꼬리를 물고 빠져나가는 귀성버스를 향해 손을 흔드는 구로 공단 사람들의 모습을 담은, 저녁거리를 향한 금성 대리점의 컬러텔레비전, 대목 장사를 바라고 제과 회사나 양조 회사에서 공짜로 나눠 주는 조잡한 디자인의 포장지에 일률적으로 포장한 뒤 상점 앞에 산더미처럼 쌓아 놓은 종합 선물 세트 같은 것들. 서울이나 울산이나 대전이나 대구 같은 대도시 생활의 고단한 표정이랑 빈집에 남겨 두고 내려온 귀성객들이 홍조 띤 얼굴로 말끄러미 들여다보던 선물 세트 견본품 비닐 위에서 번득이던 백열등. 명절 특별 수송 기간을 맞이해 상점 진열창보다 더 큰 널빤지에 만든 임시 시각표를 들고 와 대합실 입구 옆에도 세워 놓던 역 노무자들의 주름진 얼굴. 그 모든 광경은 여전히 내 마음속에서 반짝인다.

『뉴욕 제과점』 (김연수)

글귀 하나를 만날 때마다 풍경 하나가 떠오른다. 『뉴욕제과점』은 1960~70년대 도시 풍경을 실감나게 그려낸다. 작가는 도시의 불빛들로 인해 풍성해진 마음을 글에 담았다. 장면 하나 하나가 정겹다. 1961년 이전까지 대한민국을 대표하는 풍경은 농촌이었지만, 경제개발이 시작된 뒤부터 대한민국을 상징하는 공간은 도시로 바뀌었다. 옛 사람들에게 추억은 농촌을 배경으로 했지만, 1960년대 이후에는 추억이 도시를 배경으로 구성되었다. 농촌인구가 끊임없이 도시로 옮겨오면서 농촌보다 도시에 사는 사람이 많아졌고, 돈도 정치도 욕망도 모두 도시를 중심으로 돌아갔다. 도시화는 도시에 산업 시설이 집중되고 일자리가 늘어나는 상황을 배경으로 한다. 산업화와 도시화는 동전의 양면이다.

1960년대 이후 산업화, 도시화가 진행되면서 한국 문학에서 이로 인한 문제를 다루는 문학 작품이 본격 등장한다. 모든 문학이 그렇듯이 좋은 점은 문학의 소재가 되지 않는다. 산업화로 인해 봉건 굴레에서 벗어나 자유로워지고, 개인이 자유롭게 욕망을 추구하고, 성공할 기회가 제공되며, 노력에 따른 성과를 누리고, 대량생산과 대량소비로 가능해진 풍족한 생활을 굳이 문학이 찬양하지는 않는다. 문학은 숨겨진 어둠을 찾아내 대중에게 보여준다. 자유와 욕망, 성공과 기회, 생산과 소비의 풍족함 뒤에 숨은 어둠에 초점을 맞춘다.

1960년대, 5·16쿠데타로 들어선 정부는 정통성 확보를 위해 경제개발에 매달린다. 그 어떤 나라도 경험해보지 못한 급격한 산업화, 도시화가 한반도 남쪽에서 벌어진다. 당연히 부작용도 빠르고 크게 나타날 수밖에 없다.

외로움에 치여 사는 세 남자가 우연히 하룻밤을 함께 한다. '나'와 '안'은 술집에서 우연히 만나 아무 의미도 없는 대화를 나눈다. 거기에 아내를 잃고 시신을 해부용으로 기부한 '어떤 사내'가 끼어든다. 선술집, 거리, 화제 현장, 여관처럼 불안정을 상징하는 공간이 세 남자의 정서를 구성한다. 셋은 밤을 함께 보내지만 그 어떤 인간미도 나누지 않는다. 무미건조하게, 그냥 같은 공간을 움직일 뿐이다.

"모두 한 방에 드는 게 좋겠지요." 하고 나는 아저씨를 생각해서 말했다. 아저씨는 그저 우리 처분만 바란다는 태도로 또는 지금 자기가 서 있는 곳이 어딘지도 모른다는 태도로 멍하니 서 있었다. 여관에 들어서자 우리는 모든 프로가 끝나버린 극장에서 나올 때처럼 어찌할 바를 모르고 거북스럽기만 했다. 여관에 비한다면 거리가 우리에게 더 좁았던 셈이었다. 벽으로 나누어진 방들, 그것이 우리가 들어가야 할 곳이었다.

"모두 같은 방에 들기로 하는 것이 어떻겠어요?" 내가 다시 말했다.

"난 지금 아주 피곤합니다." 안이 말했다. "방은 각각 하나씩 차지하기로 하지요."

"혼자 있기 싫습니다." 하고 아저씨가 중얼거렸다.

"혼자 주무시는 게 편하실 거예요." 안이 말했다.

우리는 복도에서 헤어져서 사환이 지적해준, 나란히 붙은 방 세 개에 각각 한 사람씩 들어갔다.

……(중략)……

다음 날 아침 일찍 안이 나를 깨웠다.

"그 양반, 역시 죽어버렸습니다." 안이 내 귀에 입을 대고 그렇게 속삭였다.

"예?" 나는 잠이 깨끗이 깨어버렸다.

"방금 그 방에 들어가 보았는데 역시 죽어버렸습니다."

"역시……." 나는 말했다. "사람들이 알고 있습니까?"

"아직까지 아무도 모르는 것 같습니다. 우린 빨리 도망해 버리는 게 시끄럽지 않을 것 같습니다."

"자살이지요?"

"물론 그렇겠죠."

나는 급하게 옷을 주워 입었다. 개미 한 마리가 방바닥을 내 발이 있는 쪽으로 기어오고 있었다. 그 개미가 내 발을 붙잡으려고 하는 것 같은 느낌이 들어서 나는 얼른 자리를 옮겨 디디었다. 밖의 이른 아침에는 싸락눈이 내리고 있었다. 우리는 할 수 있는 한 빠른 걸음으로 여관에서 떨어져갔다.

『서울, 1964년 겨울』 (김승옥)

　　여관은 잠시 머물렀다 떠나는 공간이다. 세 남자는 지친 몸을 누이기 위해 여관으로 들어가는데, 외로움에 사무친 '그 남자'는 같은 방에 들어가기를 원한다. '안'은 함께 들기를 거부한다. 깊은 관계를 맺기도 싫고, 힘겨운 이를 위로할 만한 정성도 없다. 나란히 붙은 세 개의 방으로 각기 찢어져서 들어간다.

　　작가는 따뜻한 관계가 사라진 고립, 외로움과 괴로움을 혼자서 견뎌야 하는 도시인들의 처지를 방 세 개로 쪼개져 들어가는 세 남자로 표현한다. 그 사내는 결국 죽는다. 홀로 죽는다. 처절한 아픔을 견디지 못해, 고독을 이겨내지 못해 죽는다. 그 사내가 죽자 '나'와 '안'은 혹시라도 모를 책임을 회피하기 위해 재빨리 도망친다. '개미' 한 마리가 '나'를 향해 기어온다. 부끄러운 양심이 기어온다. 도시인의 처지가 마치 무리에서 떨어진 개미처럼 느껴진다. 개미를 떨치고 자기 행동이 정당하다고 믿으며 그들은 또다시 외로운 삶으로 기어들어간다. 고독한 개미처럼.

　　『서울, 1964년 겨울』에서 거리, 여관, 선술집은 진실한 관계를 맺지 못하는 도시인들의 처지를 상징하는 공간이다. 도시에는 수많은 사람들이 같은 공간에서 부딪치고 대화하고 갈등하며 살지만 진실한 관계는 희박하다. 그나마 각자의 집에서는 나름대로 진실한 관계가 오고갔다. 1970년대에 도시화가 가속화되면서 집이라는 공간마저 정을 잃어버린 콘크리트 벽으로 분리된다.

처음에는 천천히 두드렸지만 나중에는 거의 부숴 버릴 듯이 문을 쾅쾅 두들겨 대고 있었다. 온 낭하가 쩡쩡 울리고 어디선가 잠을 깬 듯한 어린아이의 울음소리가 들려왔다. 그러자 아파트 복도 저쪽 편의 문이 열리고, 파자마를 입은 사내가 이쪽을 기웃거리며 내다보았는데 그것은 그 사람 한 사람뿐만이 아니었다.

……(중략)……

"그 집엔 아무도 안 계신 모양인데 혹 무슨 수금(빌린 돈을 받음) 관계로 오셨나요?"

……(중략)……

"벌써부터 두드린 모양인데 아무도 없는 것 같소. 그러니 그냥 가시오. 덕분에 우리 집 애가 깨었소."

……(중략)……

"전 이집의 주인입니다."

"뭐라구요?"

여인이 의심스럽게 그를 노려보면서 높은 음을 발했다.

"당신이 그 집 주인이라구요?"

"그런데요."

그는 대답하였다. 그러자 여인은 고개를 가우뚱거렸다.

"아니 뭐 의심나는 것이라두 있습니까?"

"여보시오."

아무래도 사내가 확인을 해야 마음 놓겠다는 듯 다가왔다. 사내는 키가 굉장히 큰 거인이었으므로 그는 사내를 올려다보았다.

"우리는 이 아파트에 거의 3년 동안 살았지만 당신 같은 사람은 본 적이 없소."

「**타인의 방**」(최인호)

주인공은 이웃과 아무런 교류가 없다. 심지어 얼굴도 모른다. 한밤중에 문 두드리는 소리에 나타난 이웃 사람들은 주인공을 보고 '돈을 받으러 온 사람' 정도로 여긴다. 주인공은 아파트에서 완벽하게 고립된 개인으로 살아간다. 아파트는 겉으로 보기엔 함께 어울려 사는 공동주택이지만 콘크리트로 단단하게 분리된 익명의 공간이다. 관계가 사라진 공간이다.

한국에서 집이라 하면 옛날에는 단독주택을 떠올렸다. 그러나 지금은 자연스럽게 아파트를 떠올린다. 빠르게 늘어나는 도시 인구를 감당하기에 단독주택은 적절하지 않았기에 아파트가 중심 주거 공간이 되었다. 1960년대 마포 아파트를 계기로 아파트 건설이 주택 건축의 새로운 형태로 자리하더니, 1970년대 강남 개발과 맞물리면서 아파트는 발전된 현대인의 주거 공간, 편리와 쾌적함을 안겨주는 중심 주거 형태로 완전히 자리했다. 이후 아파트는 한국인들의 소망이 되었으며, 일단 아파트를 소유하면 더 넓고 비싼 아파트로 옮겨 가는 것이 인생의 과제가 되었다.

외국인들은 한국의 아파트를 보고 '군대식 주거 양식'이라며 비아냥거린다. 도시인들을 똑같은 형태의 주택에 집어넣고, 오직 경제성장을 위한 경쟁에 내몰기에만 적절한 주거 형태라는 비판이다. 아파트는 이웃과 벽, 지붕, 바닥을 공유하는 철저한 공동주택임에도 현실에선 무관심과 고립을 특징으로 한다. 더 좋고 더 넓은 아파트는 한국인들의 꿈이지만 그 꿈은 삭막하다. 남보다 조금 더 넓은 콘크리트 공간을 차지하는 것이 인간답게 사는 데 무슨 도움이 될까 싶지만, 한국인들은 줄기차게 더 넓은 콘크리트 공간을 차지하려고 애쓰며 산다.

1971년 발표된 『타인의 방』은 그 이전까지 없던 고독과 소외가 현대인들의 내면과 감정에 큰 고통을 안겨주는 현실을 그려낸 작품이다. 『타인의 방』이 그려내는 풍경은 그리 낯설지 않다. 오늘날에는 아주 익숙한 풍경이요 고독이다. 『타인의 방』이 그려낸 도시인은 이웃과 맺는 관계뿐 아니라 가장 친근한 관계여야 할 아내와도 낯설고 서먹하다.

> 그는 서서히 다리 부분이 경직되어 오는 것을 느꼈다. 그것은 우연히 느낀 것이었다. 처음에 그는 이 방에서 도망가리라 생각했기 때문에 될 수 있는 한 소리를 내지 않고 살금살금 움직이리라고 마음먹고 천천히 몸을 움직이려 했을 때였다. 그러나 그는 다리를 움직일 수가 없었다.
>
> ……(중략)……
>
> 그녀는 곧 잃어버린 것이 없는 대신 새로운 물건이 하나 놓여 있는 것을 발견했다. 그 물건은 그녀가 매우 좋아했던 것이므로 며칠 동안은 먼지도 털고 좀 뭣하긴 하지만 키스도 하긴 했다. 하지만 나중엔 별 소용이 닿지 않는 물건임을 알아차렸고 싫증이 났으므로 그 물건을 다락 잡동사니 속에 처넣어 버렸다.
>
> **『타인의 방』** (최인호)

분명 자기 방이다. 자기 집이다. 그러나 그곳에서 '그'는 사람이 아니라 자신이 '사물'인 듯 느낀다. 관계가 사라진 곳, 인간이 목적이 아니라 수단이 되는 곳, 그는 인간이 아니라 물건이 되었다.

그녀(아내)는 집으로 돌아와 한 물건을 발견한다. 그 물건이란 다름 아닌 남편이다. 아내에게 남편은 물건이다. 남편은 아내와 관계에서 물건이 되었다. 산업화와 도시화가 진행되면서 인간과 인간의 관계는 사라지고, 인간과 사물의 관계만 남았다. 어쩌면 아내도 남편에게 물건인지도 모른다. 나와 네가 모두 물건이 되는 세상, 그게 산업화의 결과라면 너무 처참하지 않는가!

 내가 그의 이름을 불러 주기 전에는

그는 다만

하나의 몸짓에 지나지 않았다.

내가 그의 이름을 불러주었을 때

그는 나에게로 와서

꽃이 되었다.

「꽃」(김춘수)

이름 불러주기는 진실한 관계 맺기다. 하나의 사물이 아니라, 하나의 몸짓이 아니라, 꽃처럼 향기롭고 아름다운 관계 맺기다. 안타깝게도 현대인들은 서로의 이름을 불러주지 않는다. 진실한 관계를 맺지 않으니 갈수록 하나의 몸짓, 하나의 사물로 변해간다. 깊은 관계가 없고, 진실도 없고, 공감도 없다. 무의미한 관계만 반복한다. 인간이 수단과 도구로만 취급될 때 삶은 의미를 잃는다. 인간이라면 누군가의 꽃이 되어야 하지 않겠는가? 누군가가 나에게 꽃이 되어야 하지 않겠는가?

2

산업화, 욕망이라는 이름의 전차

『청산은 나를 보고·원미동 사람들·무진기행·성북동 비둘기·사평역』

오래전부터 인류의 스승들은 '욕망'을 다스리라고 가르쳤다. 무절제한 욕망은 인간을 타락으로 이끌고, 갈등을 일으키며, 모든 악의 근본이라 했다. 욕망을 적절히 통제하지 못하면 욕망의 노예가 되고 삶은 불행으로 짓눌린다고 말했다. 그러나 그들은 진정한 존경을 받지 못했으며, 다들 속으로는 '돈만 많은 놈들~!'이라고 경멸했다. 비록 욕망을 추구하는 자들이 힘과 권력을 장악했으나, 도덕과 정의는 욕망을 이룬 자들의 편이 아니었다. 오히려 가난한 사람이 더 높게 평가되었으며, 자연 속에서 소박하게 사는 삶이 높게 평가되었다.

 청산은 나를 보고 말없이 살라 하고

창공은 나를 보고 티없이 살라 하네

탐욕도 벗어 놓고 성냄도 벗어 놓고

「청산은 나를 보고」(나옹선사)

말도 없이, 티도 없이 청결한 삶을 추구한다. 탐욕도 성냄도 모두 경계의 대상이다. 욕망을 내려놓고 자연과 더불어 살다가 저 세상으로 떠나는 것이 옛사람들이 지향하던 생활이었다. 그러나 산업화가 되면서 욕망은 다스려야 할 대상도, 악의 근원도 아니게 되었다. 산업화는 인간을 욕망하는 존재로 바꿔버렸으며, 욕망 추구가 행복의 길이라는 전혀 새로운 윤리 기준을 제시했다.

이제 사람들은 자기가 하고 싶은 걸 하며 살아야 한다고 믿게 되었다. 욕망을 절제해야 행복이 온다고 가르친 위대한 스승들의 가르침은 뒤로 밀려났고, 욕망을 추구해야 행복하다는 산업화시대의 가르침이 세상을 지배하는 도덕 기준이 되었다. 브레이크 없는 욕망, 산업화가 몰고 온 가장 큰 변화였다.

강제 토지 수용, 용도 변경, 택지 조성이 잇따르면서 땅이 조각조각 잘려나가는 것을 보자니 강노인은 기가 찰 뿐이었다. 할 수 있는 한은 땅을 움켜잡으려고 안간힘을 썼지만 토지 가격의 상승세와 함께 그 안간힘도 돈의 위력 앞에서는 맥을 쓰지 못하였다. 땅값의 폭등이 하도 급격한 것이어서 마누라나 자식들조차 공돈이 생긴 것처럼 땅을 못 팔아치워 안달을 부려대었다.

때를 맞춰 부천이 시로 승격된다 하여 용도 변경된 땅들을 뭉텅뭉텅 팔아치우던 칠십년(1970년) 초였다. 틀림없다, 진짜 틀림없다고 꼬드겨 슬금슬금 땅 판 돈을 돌려가더니 그것으로 그뿐 최서방의 공장 규모는 여태도 그만그만하고 사위란 놈은 노름에 계집질로 돈 쓰는 재미만 키워나갔다. 자식을 둘이나 둔 희자(큰딸)년은 서방의 바람기에 날이면 날마다 눈물로 지샌다는 억장이 무너질 소리만 들려왔다.

오 년 전에 한차례 더 땅들을 처분할 때에도 어디서 냄새를 맡았는지 최서방이 나타나서 삼천만 원만 해달라고 엎드려 통사정을 하다 돌아갔다. 나중에는 희자까지 들락이며 최서방 마음잡아 새사람 만들 수 있도록 꼭 삼천만 융통해달라고 울며불며 난리기에 이부 이자 계산해서 빌려주는 형식으로 각서까지 챙겨 돈을 주었다.

『**원미동 사람들**』(양귀자)**에서 '마지막 땅'**

농촌 사람들이 살길을 찾아 몰려들면서 도시는 급팽창을 했다. 특히 서울의 팽창은 놀랍고, 빠르다는 말로도 부족했다. 1950년대 100만 명 수준이던 서울 인구는 1960년대 후반에는 400만 명이 되었고, 1980년대에는 800만을 넘었고, 1990년대에 드디어 1,000만에 이르렀다. 이렇게 인구가 팽창하다보니 살 곳이 부족했고, 당연히 도시는 급격히 팽창했다. 1970년대 초까지 팽창하던 강북 지역은 포화상태에 이르렀기에, 정부는 강남 개발을 시작했고 그 뒤 늘어난 서울 인구의 대다수는 강남 지역에 거주하였다. 급격한 도시 개발은 부동산 투기 개발 붐을 일으켰고, 부동산으로 인해 순식간에 부자가 된 졸부들도 많았다.

도시화는 서울에서만 일어난 현상이 아니었다. 정부는 경제개발의 효율을 높이기 위해 몇몇 지역을 집중 개발했다. 서울과 인천을 잇는 경인선을 따라 수도권 공업지대를 구축했고, 미국·일본과 무역하기 좋은 포항-울산-부산-마산-창원 지역을 연결한 남동공업지대를 건설했다. 그리고 경부고속도로를 축으로 해서 공업도시들을 확장해 나갔다. 이로 인해 이들 지역을 중심으로 인구가 집중되었다.

『원미동 사람들』의 원미동은 부천시에 속한다. 부천은 경인선을 따라 형성된 수도권 공업지대에서 서울 인근과 인천을 연결하는 도시다. '마지막 땅'에 나오는 강노인은 남들이 서울로 떠날 때 주위 땅을 싼값에 많이 사들였다. 그때는 땅값이 얼마 되지도 않았고, 너도나도 서울로 옮겨가려 했기에 손쉽게 땅을 확보했다. 그러나 1960년대부터 서서히 경인선을 따라 산업화가 진행되면서, 강노인의 땅은 강제 수용되거나 어쩔 수 없이 팔아야 하는 처지로 몰렸다. 물론 땅값은 예전과 견줄 수 없이 올랐다. 강노인의 자식들은 아버지의 땅을 팔아 번 돈을 흥청망청 쓰며 개망나니처럼 산다. 강노인의 아내조차도 땅을 판 돈을 호시탐탐 노린다.

강노인은 농사꾼이다. 땅을 사랑하고 농사짓기를 좋아한다. 강노인에게 땅은 생명을 길러내는 어머니의 자궁과 같이 귀한 곳이다. 땅이 생명을 길러내는 공간이 아니라 돈이 되는 공간으로 취급되자, 강노인은 몹시 가슴아파한다. 산업화 이후 땅은 농사를 짓고, 생명을 짓는 공간이 아니라 돈이 되는 물건, 콘크리트 건물을 짓는 개발의 대상으로 전락했다. 땅이 투기의 대상이 되면서 땅에 뿌리를 둔 생명사랑의 정신, 근면한 노동의 정신도 사라졌다. 근대화는 욕망을 찬양했고, 돈이 모든 가치를 압도했다. 생명의 가치도 돈을 위해 무시되었다. 산업화와 함께 돈은 드디어 '최고 신(神)'의 위치에 올라섰다.

 "참, 엊저녁, 하 선생이란 여자는 네 색싯감이냐?"

내가 물었다.

"색싯감?"

그는 높은 소리로 웃었다.

"내 색싯감이 그 정도로밖에 안 보이냐?"

그가 말했다.

" 그 정도가 뭐 어때서?"

"야, 이 약아빠진 놈아. 넌 빽 좋고 돈 많은 과부를 물어 놓고 기껏 내가 어디서 굴러 온 줄도 모르는 말라빠진 음악 선생이나 차지하고 있으면 맘이 시원하겠다 는 거냐?"

말하고 나서 그는 유쾌해 죽겠다는 듯이 웃어 대었다.

"너만큼 사는 정도라면 여자가 거지라도 괜찮지 않아?"

내가 말했다.

"그래도 그게 아니다. 내 편에 나를 끌어 줄 사람이 없으면 처가 편에서라도 누 가 있어야 하는 거야."

그가 대답했다. 그의 말투로는 우리는 공모자였다.

"야, 세상 우습더라. 내가 고시에 패스하자마자 중매쟁이 막 들어오는데……. 그 런데 그게 모두 형편없는 것들이거든. 도대체 여자들이 성기 하나를 밑천으로 해서 시집가 보겠다는 고 배짱들이 괘씸하단 말야."

『무진기행』(김승옥)

'나'는 부잣집 이혼녀와 결혼해서 출세했다. 친구인 '조'는 고시에 합 격해 높은 지위에 올라섰다. 조는 대놓고 돈 많은 집 여자를 원한다. 돈 없는 집 여자를 대놓고 무시한다. 조는 인간의 내면보다 겉으로 드러난 지위와 돈이 최고라 여기는 속물 중의 속물이다. 자신이 속물임을 부끄 러워하지도 않는다.

불평등이 생긴 청동기시대 이후, 인류 역사에서 속물인 사람이 없던

때는 없었다. 한국사회에서도 1960~70년대뿐 아니라 그 전에도 속물들이 많았다. 다만 1960~70년대에는 속물인 인간들이 더 이상 부끄러움을 모르고 대놓고 속물근성을 발휘했으며, 그 이전과 견줄 수 없을 정도로 대다수가 속물이 되어갔다는 점이 다르다.

산업화는 물질의 풍요를 불러왔다. 그러나 물질의 발전을 정신이 따라가지 못했다. 더 많은 풍요는 더 높은 수준의 정신을 요구했지만, 정신문화 수준은 크게 변하지 않았다. 산업화를 이룬 만큼 정신 수준도 올랐더라면 도덕성과 풍요로움을 함께 갖춘 사회가 되었겠지만, 도덕성이 발전하지 못한 풍요는 사람들을 천박하게 만들었다. 돈을 벌기 위해서라면 부끄러움도 버리고, 범죄도 서슴지 않았다. 돈이 인생의 목표가 되었다.

 예전에는 사람을 성자처럼 보고

사람 가까이

사람과 같이 사랑하고

사람과 같이 평화를 즐기던

사랑과 평화의 새 비둘기는

이제 산도 잃고 사람도 잃고

사랑과 평화의 사상까지

낳지 못하는 쫓기는 새가 되었다.

「성북동 비둘기」 (김광섭)

성북동 산이 개발되었다. 예전에는 자연이 차지하던 공간은 사라지고 화려한 주택이 자리를 잡았다. 평화롭게 살던 비둘기들은 쫓겨났다.

도시화는 사랑과 평화를 없애버렸다. 사랑과 평화의 사상까지도 도시에서 쫓겨났다. 서글픈 일이다.

물론 모든 사람들이 돈을 좇지는 않았다. 순수함을 그리워하기도 했다. 그러나 순수는 그저 밤하늘의 별처럼 바라보기만 할 뿐 잡을 수도, 도달할 수도 없는 이상일 뿐이었다. 『무진기행』의 '나'는 잠시 순수한 사랑을 꿈꾸지만 현실의 부와 안락함을 포기하지 못해 결국 무진을 떠나 서울로 돌아간다. 자신이 꿈꾸는 이상은 아름답기는 하지만 현실이 아니다. 낭만으로는 고단한 현실을 살 용기가 없다. 김승옥의 다른 작품 『역사』에서도 주인공은 『무진기행』의 '나'와 같은 선택을 한다.

『역사』의 주인공은 인간의 삶이 살아 숨 쉬는 창신동의 낡은 하숙집을 그리워하고, 다양성과 자유로움도 없는 깨끗한 현대식 하숙집을 싫어한다. 인간성이 살아 숨 쉬는 창신동 하숙집과 달리 인간미가 사라진 딱딱한 현대식 하숙집에 사는 순간순간이 괴롭다. 그러나 그렇게 빈민가의 하숙집을 그리워하면서도 돌아가지 않는다. 겉으로 번지르르하고 답답하고 힘들지만 그래도 현대인의 안락함과 쾌적함을 포기할 용기는 없다. 창신동 빈민가가 상징하는 순수와 인간미는 그리워할 낭만의 대상일 뿐 현실은 아니다.

김승옥이 『무진기행』과 『역사』에서 그려낸 것처럼 우리는 무진의 뿌연 안개 속에 인간미와 순수를 그저 향수로만 남겨두고, 어쩔 수 없이 무한경쟁 사회, 인간성을 잃어버린 세상에 적응하며 살아가야 하는 걸까?

부끄러움? 흥, 그따위 잊은지 왕년이다. 실오라기 같은 팬티 한 잎 걸치고 홀랑 벗어제친 몸뚱이 하나만으로도 사내들 얼을 빼놓기 쯤이야 그녀에겐 식은 죽 먹기다. 춘심이. 적어도 신촌 바닥에서 민들레집 춘심이 하면 아직은 일류다. 하지만 그런 그녀가 대낮에 한길에 나서기만 하면 형편없는 겁쟁이 계집애가 되고 마는 거였다. 무슨 벌거지(벌레) 떼처럼 무수히 거리를 오가는 행인들 중에 민들레집 춘심이의 얼굴을 기억할 사람이라곤 좀체 없을 터인데도 그녀는 언제나 고개를 쳐들기가 어려웠다. 벌써 삼년 째 되어가는 이력에도 그 버릇은 여전히 떨어지지 않고 있었다.

……(중략)……

춘심이는 고향에 내려왔다가 서울로 다시 올라가는 길이다. 중학을 졸업하고 나서 몇 년 빈둥거리다가 어느 날 밤 무작정 상경한 후로—그때도 바로 이 기차였다.—삼 년 만에 처음 찾아온 고향집이었다. 그래도 편지는 가끔 띄웠었다. 물론 이쪽 주소는 한 번도 알려주지 않았다. 화장품 회사에 다닌다고 전해두긴 했지만 식구들이 꼭 믿는 눈치는 아니었다.

어쨌든 그녀의 귀향은 비교적 환영을 받은 셈이었다. 때 묻은 가방 하나만 꿰차고 줄행랑을 친 계집애가 완연한 멋쟁이 처녀로 변신해서 얼마의 돈과 식구들은 물론 친척 어른들 몫까지 옷가지며 자질구레한 선물들을 꾸려 갖고 나타났으니 그럴 법도 했다. 휴가를 틈타 내려온 걸로 된 그 닷새 동안, 오랜만에 그녀는 고향에서 어린 시절의 행복을 되찾은 기분이었다. 이름도 춘심이가 아니라, 예전의 옥자로 돌아왔다. 하지만 고무줄처럼 느즈러진(마음이 풀려 느릿해진) 시골 생활이 조금씩 지겨워지기 시작했을 즈음, 알맞게도 닷새간의 옥자 역은 끝나주었으므로 그녀는 다시 춘심이가 되기 위해 산골짜기 고향집을 나선 거였다.

언니, 나도 언니 댕기는 회사에 취직 좀 시켜 주소 잉.

그래, 염려 마. 내 서울 가서 연락해 줄게.

더러는 콧물을 찍어 내고 있는 식구들을 뒤로한 채, 하이힐을 삐적거리며 고향

을 빠져나올 때 동생 옥분이가 쭈르르 뒤쫓아 나와 신신당부하던 일이 떠올라

춘심이는 혼자 쓴웃음을 짓는다.

미친년. 그 짓이 뭔지도 모르구······.

문득 가슴 한쪽이 싸아 아려와서 그녀는 손수건을 꺼내어 핑 코를 푼다.

『사평역』(임철우)

춘심이는 돈을 위해 부끄러움을 버린다. 몸을 팔아 돈을 벌어, 그 돈
으로 멋지게 치장한다. 떠나온 고향집에 와서는 생색을 낸다. 가난이 지
겹고 괴로운 여동생은 언니가 하는 일이 무엇인지도 모른 채 자기도 그
일을 하게 해달라고 부탁한다.

다들 돈 앞에서 속물이 되지만 삶의 색깔은 조금씩 다르다. 누구는
벼락부자가 되어 희희낙락하고, 누구는 배우자 덕에 출세하고, 누구는
공부를 통해 돈을 벌고, 누구는 몸을 팔아 돈을 번다. 몸을 팔아 돈을
버는 춘심이가 겉으로 보기엔 가장 타락했는지도 모른다. 그러나 최소
한 부끄러움을 잃지 않았다는 점에서 춘심이가 속물에서 가장 멀리 떨
어져 있는지도 모른다. 그래도 『사평역』의 춘심이는 눈물이 마르지 않았
고, 『원미동 사람들』의 강노인에겐 땅에 대한 사랑이 식지 않았다. 어쩌
면 그것이 타락한 시대에도 희망이 사라지지 않았다는 증거이며, 도시화
에도 여전히 밤하늘에 별이 빛나는 이유인지도 모른다.

3

도시빈민촌, 변두리로 밀려난 인생

『괭이부리말 아이들 · 산거족 · 난장이가 쏘아올린 작은 공
· 아홉 켤레 구두로 남은 사내 · 사평역』

6·25 직후 우리나라의 인구 구성원은 대다수가 농민이었다. 그러나 급격히 산업화가 되면서 농촌 인구 중 상당수는 도시빈민과 노동자로 변했다. 농사만 짓던 이들이 도시로 옮겨와서 곧바로 잘 살 수는 없다. 힘겹고 가난한 변두리에 거주하면서 생존을 위해 온몸을 던져야했다. 『괭이부리말 아이들』에는 인천의 빈민촌인 괭이부리말이 형성되는 과정을 소개하는 글이 나오는데, 우리나라 빈민촌의 역사를 사실감 있게 보여준다.

괭이부리말에 사람들이 모여 살기 시작한 것은 인천이 개항하고 난 뒤부터다. 개항 뒤 밀려든 외국인들에게 삶의 자리를 빼앗긴 철거민들이 괭이부리말로 들어와 갯벌을 메우고 살기 시작했다. 그러나 괭이부리말에 지금처럼 많은 사람들이 모이기 시작한 것은 식민지시대부터다. 일제는 항구가 가까운 만석동에다 공장을 많이 세웠다. 밀가루 공장, 옷 공장, 목재 공장, 그리고 태평양전쟁을 치

르려고 만든 조선소와 커다란 창고가 들어섰다. 그러자 가난한 식민지 노동자들이 일자리를 찾아 괭이부리말로 꾸역꾸역 모여들었다. 일본이 전쟁에서 지고 일본인들은 우리나라에서 쫓겨났지만 괭이부리말에는 판잣집이라도 한 칸 얻어 살려는 가난한 사람들이 계속 밀려들어 왔다.

그리고 몇 년 뒤 6·25전쟁이 일어났다. 전쟁이 막바지에 이를 무렵인 1·4후퇴 때 황해도에 살던 사람들이 고기 잡던 배를 타고 괭이부리말로 피난을 왔다. 전쟁만 끝나면 곧 돌아가려고 피난민들은 바닷가 근처에 천막을 치고 살았다. 그러나 전쟁이 끝났어도 고향으로 돌아갈 수는 없었다. 배를 가지고 피난 온 사람들은 할 수 없이 인천 앞바다에서 고기잡이를 하며 살게 되었고, 몸만 달랑 도망쳐 온 사람들은 미장이나 목수가 되어 부둣가에서 품을 팔았다. 여자들은 아기를 둘러업고 영종도나 덕적도에 가서 굴도 캐고 동죽과 바지락도 캐다가 머리에 이고 팔러 다녔다.

……(중략)……

전쟁 뒤 가난해진 나라 살림을 살리는 길은 수출밖에 없다고 떠들어 대던 그때, 가난한 농촌 젊은이들이 수출 역군이 되기 위해 낫과 호미를 집어 던지고 도시로, 도시로 밀려왔다. 그리고 나라에서는 그 노동자들에게 임금을 적게 주기 위해 쌀값을 고정하고 올리지 못하게 하는 정책을 만들었다. 그러자 농민들은 살길이 막막해졌다. 일할 젊은이도 없고 쌀값마저 제값을 받지 못하니 1년 농사가 늘 빚잔치가 되었다. 그래서 농민들은 농촌을 뜰 수밖에 없었다.

일자리를 찾아 도시로 올라온 이농민들은 돈도 없고 마땅한 기술도 없어 괭이부리말 같은 빈민 지역에 둥지를 틀었다. 판잣집이라도 얻을 돈이 있는 사람은 다행이었지만 그나마 전셋돈마저 없는 사람들은 괭이부리말 구석에 손바닥만한 빈땅이라도 있으면 미군부대에서 나온 루핑이라는 종이와 판자를 가지고 손수

집을 지었다. 집 지을 땅이 없으면 시궁창 위에도 다락집을 짓고, 기찻길 바로 옆에도 집을 지었다. 그리고 한 뼘이라도 방을 더 늘리려고 길은 사람들이 겨우 다닐 만큼만 내었다. 그래서 괭이부리말 골목은 거미줄처럼 가늘게 엉킨 실골목이 되었다.

『괭이부리말 아이들』 (김중미)

도시 빈민촌에 사람들이 모이는 계기는 크게 세 번이다. 먼저 식민지 시대 때 공장이 설립되면서 빈민촌이 형성되었다. 가난한 소작농으로 힘 겹게 살아가던 농민들이, 열악한 농촌의 삶을 더 이상 견디지 못하고 일자리가 있는 도시로 옮겨와 가난한 노동자가 되었다. 공장에 다니면 최소한 굶어 죽지는 않았기에 빈민촌일망정 도시로 옮겨 와 살았다.

다음으로 6·25전쟁 중에 피난 온 이북 사람들이 빈민촌에 정착했다. 이북 사람들이 내려와 사는 빈민촌을 '해방촌'이라고 불렀다. 북에서 해방되어 내려왔다는 의미에서 해방촌이었지만, 자유와 행복이 넘실거리는 해방과는 거리가 먼 빈민촌이었다. 이북에서 내려 온 사람들은 크게 두 부류였는데 하나는 북한의 토지개혁과 사회주의 정책으로 인해 피해를 본 사람들이었고, 다른 하나는 전쟁을 피해서 내려온 피난민이었다.

마지막으로 산업화에 따라 농촌에서 떠난 농민들이 빈민촌에 정착했다. 『괭이부리말 아이들』에도 나오듯이 정부는 노동자의 임금을 낮추기 위해 농산물 가격을 낮게 억눌렀고, 농산물 가격이 낮으니 농민들은 농사를 지어도 살길이 막막했다. 생존이 어려운 여건에서 산업화된 도시는 새로운 일자리와 돈으로 농민들을 끌어당겼다. 특히 젊은이들은 시골에서 일하기보다 도시에서 노동자로 일하며, 화려한 도시 문화를 누리기를 원했다. 이때부터 젊은이들이 농촌에서 빠져나가면서 농촌은 점점 고령화되어 60세가 되어도 청년 소리를 듣는, 웃지도 울지도 못하는 상황이 벌어지게 되었다.

산업화 과정에서 빈민촌에 모여든 빈민들은 저임금 노동자들의 주거지였으며, 풍부한 실업자들의 공급지였고, 소외된 이웃들이 서로 기대며 사는 공간이었다. 빈민촌의 주거 환경은 열악했지만 삶이 그리 끔찍하지는 않았다. 가난했기에 오히려 정이 넘쳤고, 힘든 사람끼리 서로 의지하며 살았다. 그러나 아무리 인간미가 넘쳐도 빈민촌의 삶은 변두리의 삶이었다. 법은 평등하지 않았다. 법은 늘 있는 사람 편이었다. 예전에도 그랬고, 지금도 그러하며, 앞으로도 그럴 것이다.

『산거족』에서 황거칠은 판자촌 마을인 마삿등에 산다. 마삿등 사람들은 수도 시설이 없어서 심한 고통을 받는다. 사람이 살려면 물은 반드시 필요하다. 그러기에 하루하루가 전쟁이었다. 황거칠은 수도 문제를 해결하기 위해 고민하던 끝에, 과거 일본인들이 소유하던 뒷산에 우물을 파고 수도를 연결해 마을 사람들의 물 고민을 해결한다. 판자촌 사람들은 맑은 물을 얻게 되자 매우 기뻐한다. 그러나 그 기쁨은 오래가지 못한다.

그날 밤 실근이란 통장이 알아보고 온 얘기로서는 S산의 일부인 마삿등 뒤의 적산(일본인들의 재산) 임야 일대가. 얼마 전 동팔의 형 동수의 명의로 완전 불하 등기가 되어 있더라는 것이었다. 그리고 일주일이 채 못 돼서 법원으로부터 출두통지서가 나왔다. 호동수가 수도시설을 철거시켜 달라는 소송을 제기했던 것이다. 물론 황거칠 씨는 이의를 내걸고 반대했다. 그러나 끌다 끌다 결국 힘

부족 세 부족으로 재판에 지고, 집달리(법원 집행관)가 현장에 나타났다. 강제 철거다. 미리 시끄러울 것을 짐작했던지 경찰관까지 현장에 동원되었다.

마샛등에서도 그날은 일을 나가지 않은 사내 꼭지들은 거의 다 현장인 샘터에 나와 있었다. 아낙네들도 더러 나왔다. 군중 심리의 탓이랄까. 경찰이 해산을 명령해도 꿈쩍도 하지 않았다. 도리어 일촉즉발의 험악한 공기로 되어 갔다.

황거칠 씨는 내처 풀이 죽어 있었다. 정상 작량(정상 참작)도 법을 쥔 사람의 자유다. 게다가 집달리란 사람에게는 애당초 눈물도 인정도 없게 마련이다. 마샛등 사람들이 애써 만들어 놓은 다섯 개의 수도용 우물이 집달 리가 데리고 온 인부들의 괭이에 무참히 헐리고, 대나무로 된 파이프들이 물을 문 채, 그들이 보는 앞에서 이리저리 내던져졌다.

『산거족』 (김정한)

일본인이 남기고 간 적산은 일본인들에게 가장 피해를 입은 가난한 백성들의 몫으로 돌아가야 했으나, 부자들과 권력에 줄을 댄 사람들의 차지가 되었다. 마샛등 지역에서도 같은 일이 벌어졌다. 법은 빈민촌 사람들이 물이 없어서 당하는 고통에는 눈을 감고, 한 개인의 욕심을 채워주는 재산권 보호에 경찰력을 동원해줬다. 법은 변두리에 사는 수천 명의 생명과 건강보다 주류에 속한 한 개인의 재산권 보호에 더 신경을 썼다. 변두리 인생들은 '가난이 죄'라는 넋두리를 늘어놓기만 할 뿐 다른 길은 없었다.

그나마 마샛등 지역 주민들은 주택이 강제 철거를 당하지 않았으니 다행이었다. 강제 철거는 빈민촌 자체를 법의 이름으로 없애는 폭력이었다. 전 세계 거의 모든 나라에서도 행해지지 않는 금지된 폭력이요, 인권

유린이었지만 2000년대에 들어서도 강제 철거가 집행될 만큼 우리나라는 강제 철거가 흔했다.

사람들은 아버지를 난쟁이라고 불렀다. 사람들은 옳게 보았다. 아버지는 난쟁이였다. 불행하게도 사람들은 아버지를 보는 것 하나만 옳았다. 그 밖의 것들은 하나도 옳지 않았다. 나는 아버지, 어머니, 영호, 영희, 그리고 나를 포함한 다섯 식구의 모든 것을 걸고 그들이 옳지 않다는 것을 언제나 말할 수 있다. 나의 '모든 것'이라는 표현에는 '다섯 식구의 목숨'이 포함되어 있다. 천국에 사는 사람들은 지옥을 생각할 필요가 없다. 그러나 우리 다섯 식구는 지옥에 살면서 천국을 생각했다. 단 하루도 천국을 생각해 보지 않은 날이 없다. 하루하루의 생활이 지겨웠기 때문이다. 우리의 생활은 전쟁과 같았다. 우리는 그 전쟁에서 날마다 지기만 했다. 그런데도 어머니는 모든 것을 잘 참았다. 그러나 그날 아침 일만은 참기 어려웠던 것 같다.

"통장이 이걸 가져왔어요."

내가 말했다. 어머니는 조각 마루 끝에 앉아 아침 식사를 하고 있었다.

"그게 뭐냐?"

"철거 계고장예요."

"기어코 왔구나!"

어머니가 말했다.

"그러니까 집을 헐라는 거지? 우리가 꼭 받아야 할 것 중의 하나가 이제 나온 셈이구나!"

······(중략)······

"어떤 놈이든 집을 헐러 오는 놈은 그냥 놔두지 않을 테야."

영호가 말했다.

"그만 둬."

내가 말했다.

"그들 옆엔 법이 있다."

아버지 말대로 모든 이야기는 끝나 버린 것이나 마찬가지였다.

『난장이가 쏘아올린 작은 공』 (조세희)

난쟁이는 아버지의 몸 상태를 직접 설명하는 단어이기도 하지만, 산업화 과정에서 소외당하고 힘없이 억눌리는 사람들을 상징하는 호칭이기도 하다. 도시 빈민촌에 사는 이들은 언제나 난쟁이였다.

강제 철거는 '난쟁이들'에게 가해지는 가장 잔인한 폭력이다. 민주주의 사회의 헌법은 인간존엄성을 최고의 가치로 내세운다. 인간이 존엄하기 위해서는 최소한 가족이 생활할 안정된 주거 환경이 마련되어야 한다. 그 집이 비록 열악하고 쾌적하지 못할지라도 가족이 함께 머물 장소가 있는 것과 없는 것은 차원이 다르다. 집은 인간존엄성을 위한 최소한의 조건이다.

강제 철거는 인간존엄성을 지키는 최후의 보루를 무너뜨리는 폭력이다. 도시 미관을 아름답게 하고, 주거 환경을 개선한다는 명분을 내세우지만 그것은 있는 이들을 위한 명분일 뿐이었다. 빈민촌의 난쟁이들은 새롭게 들어선 아파트 단지에 들어갈만한 돈이 없었다. 난쟁이들은 무너진 빈민촌에서 쫓겨나면 더 외곽으로 밀려났고, 거기서 밀려나면 다시 또 외각으로 끊임없이 더 안 좋은 환경으로 쫓겨났다.

『난장이가 쏘아올린 작은 공』의 아버지는 철거에 저항하지 않는다.

법이 누구 편인지 알기 때문이다. 그렇다고 모든 난쟁이들이 『난장이가 쏘아올린 작은 공』의 아버지처럼 법의 부당함에 곱게 순종하기만 한 것은 아니다.

"모든 게 무리였지요. 우선 나 같은 인간이 태어난 그 자체가 무리였고, 장질부사나 복막염 같은 걸로 죽을 기회 다 놓치고는 아등바등 살아나서 처자식까지 거느린 게 무리였고, 광주단지에다 집을 마련한 게 무리였고, 이래저래 무리 아닌 일이 하나도 없었습니다."

지상낙원이 들어선다는 소문이 특히 없이 사는 사람들 사이에 굉장한 설득력을 지닌 채 퍼지고 있었다. 꼭 그걸 믿어서가 아니었다. 외려 그는 처음부터 낙원이란 게 별게 아님을 믿는 편이었다. 다만 차제에 내 집을 마련할 수 있다는 유혹의 손에 덜미를 잡혀 서울에서 통근거리 안에 든다는 그 이점을 너무 과대평가했던 과오는 인정하지 않은 바가 아니다. 결국 그는 당시 형편으로는 거금에 해당하는 20만원을 변통해서 복덕방 영감쟁이를 통하여 철거민의 입주 권리를 손에 넣었다. ……(중략)……

한 장의 통지서가 배부되어 왔다. 6월 10일까지 전매 소유한 땅에다 집을 짓지 않으면 불하를 취소하겠다는 내용이었다. 보름 후면 6월 10일이었다. 보름 안에 집을 지으라는 얘기였다.

……(중략)……

겨우 한숨 돌리는 참인데 또 통지서가 왔다. 전매 입주자는 분양 전 토지 20평을 평당 8,000원 내지 1만6,000원으로 계산하여 7월말까지 일시불로 납부하는 조건으로 불하를 받으라는 것이었다. 만일 기한 내 납부치 않으면 해약은 물론 법에 의해 6개월 이하의 징역이나 30만 원 이하의 벌금을 과하도록 하겠다는 단서가 붙어 있었다.

"이번 역시 보름 기한이었어요. 보름 되게 좋아합디다. 걸핏하면 보름 안으로 해내라는 거예요."

엎친 데 덮쳐 경기도에서는 토지취득세 부과통지서를 발부했다. 관할과 소속이 각기 다른 서울시와 경기도가 이렇게 쌍나발을 부는 바람에 주민들은 거의 초주검 꼴이 되었다. 광주대단지 '토지불하가격시정대책위원회'라는 유례없이 긴 이름의 임의 단체가 조직되었다. 대책위원회는 곧 투쟁위원회로 개칭되었다. 속에 식자깨나 든 것으로 알려져 그는 같은 배를 탄 전매입주자들에 의해서 대책위원과 투쟁위원을 고루 역임하게 되었다.

……(중략)……

"사흘 후에 형사가 출판사로 찾아와서 수갑을 채우더군요. 경찰에서 증거로 제시하는 사진들을 보고 놀랐습니다. 사진 속에서 난 버스 꼭대기에도 올라가 있고 석유 깡통을 들고 있고 각목을 휘둘러대고 있기도 했습니다. 어느 것이나 내 얼굴이 분명하긴 한데 나로서는 전혀 기억에 없는 일들이었으니까요."

『아홉 켤레 구두로 남은 사내』 (윤흥길)

『아홉 켤레 구두로 남은 사내』의 배경은 1971년에 벌어진 '광주대단지 사건'이다. 서울 인구가 계속 늘어나면서 서울은 불법 빈민촌 문제로 골머리를 앓았다. 그렇다고 농촌을 떠나 서울로 올라오는 사람들을 막을 수도 없었다. 고민하던 정부는 서울 동남부에 위치한 광주 지역(지금의 성남시)에 새로운 위성도시를 건설해서 빈민촌 주민들을 옮겨 살게 한다는 계획을 수립하고 이를 추진했다. 그 결과 무허가 빈민촌에서 쫓겨난 주민들 10만여 명이 광주로 옮겨갔다.

그러나 계획은 순조롭게 진행되지 않았다. 『아홉 켤레 구두로 남은 사내』에도 나오듯이 원래 철거민 소유의 입주권이 불법으로 거래되어 엉뚱한 사람들 손으로 넘어갔다. 많은 철거민들은 그날그날 먹고 사는 하층민들이었기에 서울에서 한참 떨어진 곳에서 거주하면서 생계를 유지할 수가 없었다. 그래서 그들은 입주권을 팔고 다시 서울로 들어왔다. 빈민촌을 없애기 위해 만든 광주대단지는 원래 목적한 바를 이루기 어려웠다.

입주권을 팔지 않고 광주로 들어온 철거민들도 많았는데 대부분 생계가 막막했다. 광주 지역은 그냥 허허 벌판, 시골이었다. 교통도, 상가도, 주택도 없었다. 상하수도가 제대로 되지 않아 극심한 고통을 겪었다. 더구나 기존에 약속했던 세금보다 훨씬 많은 액수의 세금이 떨어졌다. 세금이 어떤 식으로 부과되었는지는 『아홉 켤레 구두로 남은 사내』에 잘 나와 있다.

세금 문제와 열악한 환경이 겹치면서 주민들의 분노는 폭발했고, 수만 명의 주민들이 정부 정책에 항의하며 시위를 벌였다. 시위는 격렬했다. 공공기관이 불이 타고 수많은 차량이 파괴되었다. 시위는 3일간 이어졌으며 출동한 경찰도 진압에 실패하자, 정부는 주민들의 요구를 전부 수용했다. 정부는 해당 지역을 '성남시'로 승격하고, 각종 세금을 정상화하며, 도시 기반시설도 보장한다고 약속했다.

광주대단지 사건은 지나친 도시 집중화로 인한 대도시의 인구와 주택 문제, 도시빈민 문제, 행정기관의 그릇된 정책 등이 맞물려 일어났다. 1970년 11월에 '근로기준법을 준수하라'고 외치며 분신한 전태일이 빠른 산업화에 희생당하는 노동자들의 열악한 처지를 세상에 알렸다면,

1971년 광주대단지 사건은 산업화와 도시화에 숨겨 있던 도시 하층민의
문제가 얼마나 심각한지를 적나라하게 드러냈다.

그녀는 사평댁을 만나면 머리채부터 휘어잡고 그동안 쌓인 분풀이를 톡톡히
할 참으로 벼르고 있었다. 그녀는 서울에서 음식점을 하나 갖고 있었는데 몇 달
전만 해도 사평댁은 주방에서 일을 했었다. 갓 서른이 넘은 나이에 성깔도 고와
뵈고 믿을 수 있을 것 같아서 그녀는 남다른 신뢰와 애정을 베풀어 주었노라고
지금도 자부하고 있는 터였다. 한데, 믿는 뭣에 뭣가 핀다더니 바로 그 사평댁에
게 가게를 맡기고 단풍놀이를 갔다가 돌아와 보니 사평댁은 돈을 챙겨넣은 채
온다간다 말도 없이 사라져버리고 없던 거였다. 이상한 건 금고에 돈이 더 있었
는데도 없어진 것은 다만 삼십여 만 원 정도였다. 하지만 그녀가 분해하는 것은
없어진 돈 때문만은 아니었다. 세상이 아무리 막되었기로소니 친언니보다도 더
극진히 믿고 위해 주었던 은혜를 사평댁이 감쪽같이 배신했다는 사실이 더욱 분
했다. 처음엔 그저 잊어버리고 말지. 했으나 생각하면 할수록 부아가 치밀어 올
라 급기야는 어설픈 기억을 더듬어 사평댁의 고향으로 이날 쫓아내려온 거였다.
······(중략)······
한바탕 소란이 끝나고 차츰 그간의 경위를 들어보니 사평댁의 소행이 이해가 갈
만도 했다. 본디 사평댁은 결혼 후 그 마을에서 죽 살아왔노라고 했다. 주정뱅이
에다가 노름꾼인 건달 남편과 사이에 아이 둘을 낳았으나, 갈수록 심해지는 남
편의 손찌검에 못 견뎌 집을 나온 거였다. 물론 그런 사실을 사평댁은 까맣게 숨
기고 있었다. 그런 어느 날 식당에 우연히 들어온 고향 사람을 만났고, 그에게서
지난 겨울 술 취한 남편이 밤길 눈밭에서 얼어 죽었다는 소식을 들었다. 부모 없
이 거지 신세가 되어 이집 저집에 맡겨져 있다는 아이들을 생각하니 한시도 머

물러 있을 수가 없었노라고 사평댁은 울먹이며 자초지종을 털어놓았다. 그러고 보니 방 한쪽 구석에는 사평댁의 아이들이 눈이 휘둥그레져서 그녀들을 쳐다보고 있었다. 머리통은 부스럼딱지로 더껑이(찌든 물건에 붙은 더러운 때)가 져 있고 영양실조로 낯빛이 눌눌한(누르스름한) 아이들은 유난히 배만 불쑥 튀어나온 기이한 모습들이었다. 다시 한바탕 설움에 겨운 넋두리를 퍼붓다가 뚱뚱이 여자는 몸에 지닌 몇 푼의 돈까지 쓸어모아 한사코 마다하는 사평댁의 손에 쥐어 준 채 황황히 그 집을 나오고 말았다.

「사평역」(임철우)

남편의 폭력을 피해 도망쳤던 사평댁은 남편이 얼어 죽었다는 소식을 듣고 아이들이 걱정되어 시골로 내려온다. 자신을 친동생처럼 믿어준 뚱뚱이 여자(가게 사장)의 돈을 훔쳐서 시골로 도망친 것이다. 뚱뚱이 여자는 앙갚음을 위해 씩씩거리며 내려왔지만 사평댁이 처한 끔찍한 현실을 마주하고 분노는 연민으로 바뀐다. 낡아빠진 초가집에서 배고픔에 시달리는 아이들과 함께 아픈 몸을 겨우 유지하는 사평댁에게 뚱뚱이 여자는 있는 돈까지 모두 주고 눈물을 훔치며 길을 떠난다.

사평댁이 겪는 고통은 변두리 인생들이 겪은 고통을 대표한다. 1960~70년대 대한민국은 변두리에서 '난쟁이'로 살아가기가 만만치 않았다. 지옥을 견뎌내지 못하면 굶어죽고 병들어 죽어야 했다. 숱한 사람들이 변두리의 고통 속에서 삶을 잃고 쓰러졌다. 뚱뚱이 여자와 같은 이들이 내밀었던 연민의 손길이 없었다면, 그 지옥 같은 시대를 견뎌내지 못하고 쓰러져간 이들이 훨씬 많았을 것이다. 연민은 변두리 난쟁이 인생에 비쳐지는 유일한 희망의 빛이었다.

4

대한민국, 아래와 위에서 본 세상

『아홉 살 인생·난장이가 쏘아올린 작은 공·유자소전·객지』

대한민국 국민 중에 가장 많은 비율을 차지하는 사람은 노동자다. 이 글을 읽는 학생들도 많은 수가 미래의 노동자가 될 것이다. 노동자로 사는 사람과 노동자를 부리는 사람은 같은 사회에 살지만 전혀 처지가 다르다. 같은 산이라도 산 아래에서 본 풍경과 산 위에서 본 풍경이 다르 듯, 이 사회도 위에서 볼 때와 아래에서 볼 때 다르다.

우리 식구가 서울에 갓 올라올 무렵이었다. 아버지는 서울 변두리에 작은 월세방 하나를 마련해 놓고는 한 달 뒤 다시 부산에 내려가야 했다. 부산 공장에서 밀린 월급을 채 받지 못하고 올라온 때문이었다. 그런데 금세 올라온다던 아버지는 한 달이 넘도록 소식이 없었다. 아버지가 주고 간 몇 푼 안 되는 생활비도 금세 바닥이 나 버렸다. 낯선 서울에 홀로 남겨진 어머니의 불안감은 이루 말할 수 없는 것이었다. ……(중략)……

부산에 내려간 아버지는 친구 집을 전전하며 회사와 사장 집을 끈질기게 찾아

다녔다 한다. 그러나 사장은 오늘내일 미루며 도무지 돈을 안 내놓더라는 것이었다. ……(중략)……

어머니는 나와 여운이를 주인집에 맡기고 부근에 있는 무허가 잉크 공장에 취직을 했다. 하얀 두부벽돌 위에 판자를 얹어 대충 비 막음을 해 놓은 공장에서 역한 냄새를 맡으며 열 명 남짓의 공원들이 일을 했다. 아직 소년티가 채 가시지 않은 어린 공원도 있었고, 어머니보다 나이가 많은 아줌마들도 있었다.

……(중략)……

그러던 어느 날이었다. 잉크에 화공 약품을 붓고 있는데 어린 공원이 지나가다 무엇에 걸려 넘어졌는지 어머니를 향해 쓰러졌다. 그 바람에 화공 약품이 어머니의 얼굴에 쏟아졌다. 칼로 눈을 후비는 듯한 아픔이 어머니를 덮쳤다. 어머니는 비명을 지르며 밖으로 뛰쳐나갔다. 곁에서 일하던 아주머니가 달려와 어머니 얼굴에 물을 끼얹고 약품을 씻어 내었지만 왼쪽 눈의 아픔은 여전했다. 어머니는 젊은 공원의 등에 업혀 병원으로 갔다. 그러나 병원에서도 마땅한 처방이 없어 세척액으로 계속 눈만 씻어 내었다. 그러는 동안 어머니의 왼쪽 눈동자는 이미 하얗게 바래어져 있었고, 왼쪽 눈으로는 아무것도 볼 수 없게 되었다.

부산에서 올라온 아버지는 어머니의 왼쪽 눈을 보고 사내답지 않게 꺼이꺼이 울음을 터뜨렸다. 잉크 공장 사장은 그 어린 공원의 실수로 사고가 일어났으니 그 아이의 부모한테서 치료비를 받으라고 했다. 그 말을 전해들은 아버지는 쇠꼬챙이를 들고 당장 사장네 집으로 쳐들어갔다. 아버지는 사장 눈앞에 쇠꼬챙이로 들이밀었다.

— 치료비 따윈 필요 없어. 단지 왼쪽 눈을 잃어버린 고통이 어떤 것인지만 가르쳐 주지. 그래야 내 아내의 심정을 이해할 테니까.

「아홉 살 인생」 (위기철)

노동자는 임금을 목적으로 계약을 맺고 일하는 사람이다. 노동자는 자신을 고용한 사람과 계약을 맺으며, 계약은 법으로 보호를 받는다. 사용자는 노동자에게 법이 명시한 금액 이상을 반드시 지급해야 하며, 법이 정한 기준 이하의 노동조건에서는 일을 시키면 안 된다. 노동자는 다치면 '산업재해보상법'에 따라 무료로 치료를 받는다. 노동자는 자기 뜻에 따라 노동조합을 결성하고, 사용자와 협상하며, 법이 정한 규칙에 따라 파업을 할 권리를 지닌다. 이것이 대한민국의 법이다.

노동자는 법의 보호를 더 많이 받아야 한다. 왜냐하면 사용자와 관계에서 약자이기 때문이다. 그러나 실제로는 법은 사용자 편인 경우가 훨씬 많다. 1970년 전태일이 몸에 불을 붙이면서까지 '근로기준법을 준수하라'고 외치고 죽은 이유도 법이 노동자가 아니라 사용자 편이었기 때문이다.

『아홉 살 인생』의 아버지는 자신이 일한 대가인 임금을 제대로 받지 못해 전전긍긍하고, 어쩔 수 없이 어머니가 일을 해야만 하는 상황으로 몰린다. 해마다 명절이면 임금을 제때에 받지 못해 명절을 쇠지 못하는 노동자에 관한 뉴스가 끊이지 않는다. 그나마 불법 체류 외국인 노동자들은 임금을 떼여도 법의 보호조차 받지 못한다. 사용자들은 임금을 무슨 은혜라도 베풀 듯이 준다. 임금은 계약에 따라 반드시 지급해야 할 의무인데도 말이다.

아버지가 체불임금을 받기 위해 부산에 머무는 동안 어머니는 공장에서 일을 하다 다친다. 일을 하다가 다치면 무조건 '산업재해'다. 누가 다치게 했는지는 전혀 중요하지 않다. 일과 관련만 되면 전부 산업재해다. 2010년도에도 대한민국에서는 일 년에 2천여 명이 죽고, 8만여 명이

다치며, 3만여 명이 장애를 입는다. 전쟁터도 이런 전쟁터가 없다. 이것이 국민 중에 가장 많은 비율을 차지하는 노동자들의 현실이며, 노동자들의 눈으로 세상을 본다함은 이런 현실을 외면하지 않는 것이다.

『아홉 살 인생』의 어머니는 산업재해를 당해 한 쪽 눈을 잃는다. 사장은 그 고통을 전혀 모른다. 자기 눈이 쇠꼬챙이에 찔릴 처지가 돼서야 그 공포를 느끼고 보상을 한다. 위에서 세상을 보는 사람들은 대부분 아래 사람들의 고통을 모른다.

아버지는 원래 사장단 회의에서, 아무리 제한된 운동밖에 할 수 없게 되어 있고, 또 협조적인 사람이 이끄는 노조라고 해도 그것이 기업에 이익을 줄 리는 없으며, 어느 날 화로의 재속에서 불씨를 발견한 사람들이 그 불씨에 불을 붙여 일어나면 기업에 해롭고 우리 모두에게 해로울 게 뻔하기 때문에, 현명한 경영자라면 조금 시끄러운 저항을 지금 받아 해결하지 노동자들에게 그것을 맡겨두고 있지는 않을 거라고 말했었다. 나는 아버지의 방에서 아버지의 메모를 보았다. 그 이상의 말은 한마디도 없었다. 아버지는 권위를 생각했을 것이다. 아버지는 늘 노조는 우리 전체 구조를 약화시키는 악마의 도구라고 말했지만 이 말을 메모 속에 넣지는 않았다. 만약 아버지가 앞으로 우리의 어느 공장에서 노조가 결성될 경우 해당 사 중역들은 문책을 당할 것이며, 혼란기에 이미 결성이 된 사의 경우는 그 노조를 접수해 본래의 기능을 바꾸어 놓으라고 곧이곧대로 지시했다면 스스로 권위에 손상을 입은 모양이 되었을 것이다.

『난장이가 쏘아올린 작은 공』(조세희) 중에서 '내 그물로 오는 가시고기'

기업을 운영하는 윗사람들이 헌법이 보장하는 노조를 어떤 식으로 보는지 잘 보여주는 글이다. 선진국에서는 노조도 회사를 책임지는 대등한 집단으로 보고 경영을 공개하고, 회사가 닥친 문제를 함께 의논하며, 파업도 보장해준다. 국민소득이 높고, 기술이 발전한 나라가 선진국이 아니다. 선진국은 인간의 존엄성을 보장해주고, 인권을 법으로 명시하며, 법에 명시된 인권을 평등하게 보장해주는 국가다. 그런 점에서 대한민국은 1960~70년대도, 2000년대인 현재도 '아직' 선진국이 아니다.

 닫혔던 법정 문이 열리자 공원들은 안으로 밀려들어갔다. 우리는 다른 문으로 들어갔다. 법정 안은 시원했다.

"우리 아버지들이 뭘 어떻게 했다고 그랬지?"

내가 물었다.

"이들을 괴롭혔어."

방청석 공원들을 돌아보며 사촌이 속삭였다.

"인간을 위해 일한다면서 인간을 소외시켰어."

"형이 말하는 걸 보면 참 근사해."

내가 말했다.

"사실은, 공장을 지어 일을 주고 돈을 주었지. 제일 많은 혜택을 입은 게 바로 이들이야."

사촌은 웃었다.

「난장이가 쏘아올린 작은 공」 (조세희) **중에서 '내 그물로 오는 가시고기'**

'내 그물로 오는 가시고기'에서 노조 위원장이던 난쟁이의 아들은 회사의 탄압으로 노조가 무너지자, 회사 사장(화자의 아버지)을 죽이려다가 닮은꼴인 동생(화자의 작은아버지)을 죽였고, 재판 끝에 사형 선고를 받는다. 사촌은 자기 아버지가 노동자의 손에 죽었지만 살인자를 증오하기보다 노동자가 살인을 할 수밖에 없을 정도로 고통당하는 현실을 인정한다. 아버지의 막내아들인 '나'는 아버지의 눈으로 노동자들을 보는 것이 익숙해서 사촌의 말에 공감하지 못한다. 회사 사장인 아버지가 노동자를 탄압한 게 아니라 그들에게 큰 은혜를 베풀었는데 무엇이 문제냐고 오히려 의아해 한다.

노동자와 사용자는 계약 관계다. 노동자는 노동력을 제공하고, 사용자는 임금을 제공한다. 이것은 대등한 계약으로 누가 누구에게 은혜를 베풀고 말고의 문제가 아니다. 그러나 사장인 아버지는 불쌍한 사람 거두어서 일하게 해주었다는 식으로 계약 관계를 왜곡해서 받아들인다. 대등한 노동 계약마저 은혜를 베풀었다는 식으로 왜곡하니 '나'와 '나의 아버지'는 노동자들의 고통에 공감하지 못하는 것이다. 나는 나중에 잠시나마 노동자의 눈으로 현실을 보고는 깊은 슬픔과 고통을 느낀다. 노동자의 처지와 고통에 공감이 일어난다. 그러나 잠시였다. 연민과 사랑으로 얻을 게 없다고 판단한 나는 재빨리 연민을 털어버리고 다시 아버지의 충실한 아들로 되돌아간다.

총수의 자택에 연못이 생긴 것은 그 며칠 전의 일이었다. 뜰 안에다 벽이고 바닥이고 시멘트를 들이부어 만들었으니 연못이라기보다는 수족관이라고 하는 편이 알맞은 시설이었다. 시멘트가 굳어지자 물을 채우고 울긋불긋한 비단잉어들을 풀어놓았다. 비단잉어들은 화려하고 귀티 나는 맵시로 보는 사람마다 탄성을 자아내게 하였으나, 그는 처음부터 흘기눈을 떴다. 비행기를 타고 온 수입 고기라서가 아니었다. 그 회사 직원의 몇 사람 치 월급을 합쳐도 못 미치는 상식 밖의 몸값 때문이었다.

"대관절 월매짜리 고기간디 그려?"

내가 물어보았다.

"마리당 팔십만 원 주구 가져왔다."

그 회사 직원들의 봉급 수준을 모르기에 내 월급으로 계산을 해 보니, 자그마치 3년 4개월 동안이나 봉투째로 쌓아야 겨우 한 마리 만져 볼까 말까 한 값이었다.

……(중략)……

그런데 이 비단잉어들이 어제 새벽에 떼죽음을 한 거였다. 자고 일어나 보니 죄다 허옇게 뒤집어진 채로 떠 있는 것이었다.

……(중략)……

"유 기사, 어제 그 고기들은 다 어떡했나?"

또 그를 지명하며 묻는 것이었다.

"한 마리가 황소 너댓 마리 값이나 나간다는디, 아까워서 그냥 내뻔지기두 거시기 허구, 비싼 고기는 맛두 괜찮겄다 싶기두 허구……, 게 비눌을 대강 긁어서 된장끼 좀 허구, 꼬치장두 좀 풀구, 마늘두 서너 통 다녀 놓구, 멀국도 좀 있게 지져서 한 고뿌덜씩 했지유."

"뭣이 어쩌구 어째?"

"왜유?"

"왜애유? 이런 잔인무도한 것들 같으니……."

······(중략)······

"그 불쌍한 것들을 저쪽 잔디밭에다 고이 묻어주지 않고, 그래 그걸 술안주 해서 처먹어 버려? 에이······에이······피두 눈물두 없는 독종들······."

『유자소전』 (이문구)

대기업을 이끄는 총수는 직원들의 몇 년 치 월급을 잉어 한 마리를 사는데 쓴다. 잉어가 여러 마리니 한 사람이 평생 동안 일해서 받을 돈을 잉어를 사는데 들인 것이다. 총수는 자신이 고용한 사람은 귀하게 대하지 않았지만, 물고기는 귀하게 대했다. 그러다 잉어가 죽었고, 유 씨(유기사)를 비롯한 노동자들이 잉어를 먹었다고 하자, 불쌍한 잉어를 왜 묻어주지 않았느냐면서 화를 낸다. 그러고는 피도 눈물도 없는 독종이라고 비난한다.

잉어의 목숨을 귀하게 여기고, 잉어의 죽음을 슬퍼하며, 잉어를 묻어주지 않았다고 가슴 아파하는 총수지만 자기 회사의 노동자들은 인간 대접을 해주지 않는다. 철저한 위선(거짓 착함)이다. 『유자소전』을 통해 작가는 돈과 권력을 지닌 자들의 위선을 까발리고, 돈도 권력도 없지만 충실하고 바르게 사는 '유 씨'야말로 진정한 위인임을 밝힌다.

 동혁은 그들과 마주 서자 작업복 윗주머니에서 낡아빠진 봉투를 꺼내어 소장에게 내밀며 말했다.

"우리는 오늘부터 파업에 들어가기로 했습니다."

소장은 받아 든 봉투로 동혁의 뒤쪽을 가리키며 말했다.

"파업도 좋지만, 삽과 곡괭이들을 들고 몰려와서 사무실을 부수겠다는 건가, 아니면 사람들을 치려나. 아무리 외딴곳이지만 경찰권이 있다는 걸 잘 명심해두게."

"우리는 감독조의 잘못된 횡포를 막자는 것뿐입니다. 그 봉투 속에 건의문과 우리들의 연대 서명장이 들어 있습니다."

"요구조건은……?"

소장은 봉투를 찢어볼 생각도 않고 손에 든 채 거만하게 물었다.

……(중략)……

소장은 못마땅하게 건의서 뒷면의 연서장들을 들춰 보고 나서 고개를 들었다.

"투쟁이란 건, 파업을 의미하는 건가."

동혁이 잠시 사이를 두었다가,

"파업도 포함됩니다."

"그렇다면 폭동이로군."

『객지』 (황석영)

『객지』의 무대는 간척공사장이다. 1970년대, 수많은 농민들이 농촌을 떠났지만 도시에 제대로 정착하지 못했다. 전국을 떠돌며 일자리가 있는 곳이라면 닥치는 대로 일을 했다. 그러니 노동조건이나 급여가 노동자의 권리니, 인권이니 따위와는 거리가 멀었다. 간척공사장은 외딴 공간에서 힘든 노동을 해야 하므로 보통의 경우보다 더 심한 조건이었다.

젊은 노동자인 대위와 동혁이 앞장서서 노동자들을 이끌어 파업까지 나아간다. 그들은 며칠 후에 오는 국회의원들의 방문을 무기로 삼는다. 국회의원이 올 때까지 파업을 끌면 국회의원이 두려운 회사가 요구 조건을 들어주고, 노동조건이 개선될 것이라 믿었기 때문이다.

민주공화국인 대한민국 헌법은 파업을 보장한다. 그러나 '파업은 폭등'이라는 얼토당토않은 인식이 사람들 머리에 깊이 새겨져 있다. 물론 그러한 인식은 저 높은 곳에 계신 분들이 온갖 수단을 동원해 퍼트린 것이다. 파업에 대한 인식이 그러하니 대한민국에서 일어난 파업은 대부분 실패로 끝날 수밖에 없다.

『객지』속 간척장의 파업도 실패로 끝난다. 회사는 달콤한 말로 약속했고, 인부들은 그 말을 철썩 같이 믿었다. 그러나 회사는 오직 국회의원들이 오는 상황이 두려울 뿐이었다. 인부들은 회사에 투항했고, 동혁은 끝까지 맞설 각오를 다진다. 물론 성공할 가능성은 없어 보인다.

객지(자기 집을 멀리 떠나 잠시 머무는 곳)에서 고생하는 오빠를 위해 '갈보짓(몸 파는 창녀)'을 해가며 돈을 보내온 오가의 여동생 이야기를 전해들은 동혁은 "온 세상이 갈보인데요, 뭘." 하고 대답한다. 동혁의 말처럼 온 세상 사람들이 도덕과 수치심을 내던지고, 돈을 벌기 위해, 생존을 위해 몸을 팔았다. 그게 산업화가 진행되는 1960년대 이후의 대한민국이었다.

5

도시화, 그리고 고향을 잃어버린 사람들

『19세·황만근은 이렇게 말했다·징소리·삼포 가는 길·매잡이·성탄제』

　　도시가 중심이 되면서 농촌은 도시의 부속품이 되었다. 정부는 도시 중심의 발전을 이룩하기 위해 농촌을 싼 농산물 공급처로 이용하는 정책만 폈다. 농촌은 망가졌고, 사람이 살고 싶지 않은 공간으로 변했다. 꿈과 희망이 사라진 농촌에 살고자 하는 젊은이는 없었다.

　　채소는 어느 가정에서 끼니마다 먹는 것이어서 수요보다 공급이 조금만 초과해도 가격이 폭락하고, 수요보다 공급이 조금만 달려도 가격이 폭등하게 마련이었다. 그렇다고 다른 주곡처럼 그때그때 수입할 수도 없는 물건이었다. 그러니까 오랜 기간 갈무리가 가능한 다른 주곡 농사들처럼 내 밭의 농사가 잘되었다고 해서 무조건 돈을 만질 수 있는 것이 아니었다. 그해 날씨가 좋아 아무리 배추통이 커지고 무의 몸피가 굵어졌다고 해도 씨앗대(씨앗을 산 돈)조차 건지지 못할 수도 있는 것이 바로 고랭지 채소 농사였다. 석중이 아저씨 말로는 바로 지난해에 그랬다고 했다. 그렇게 되면 어른 머리통보다 더 큰 배추들을 수확도 않고 밭째로 썩혀 버리는 것이었다.

"장사꾼들이 밭떼기로 살 때 계약금만 주고 사거든, 그러다 무 값이고 배추 값이 오르면 내려와서 수확을 하고, 아니면 밭에서 그냥 썩혀버리고 말고, 그러면 농사짓는 사람들은 돈 받을 길도 없는 거지. 장사꾼이 그냥 계약금으로 건 돈만 날리고 해약을 해 버리면 말이지. 그렇다고 채소 값이 똥값이 된 다음 그걸 뽑아 서울로 가져간다고 해도 작업대에 트럭 운임도 안 나오는 거고, 3년에 한 번만 성공하면 되거든. 그러면 큰돈 만지는 게 이거니까 너도 나도 하는 거고."

『19세』(이순원)

채소는 그때그때 수입이 불가능하기 때문에 수요 공급에 따른 가격 변동이 크다. 이 때문에 농민들은 채소 농사로 그나마 이득을 보기도 하지만, 석중이 아저씨 말대로 어쩌다 한 번이고, 그 어쩌다 한 번을 위해 고생을 한다. 채소는 그나마 가격이 오르면 이득이 되지만 일반 곡식 농사는 농산물 판매만으로 이득을 보기가 힘들다. 원인은 정부 정책 때문이다.

풍년이 들면 시장에 농산물 공급이 늘어난다. 사먹는 사람은 일정한데 공급이 늘어나니 농산물 가격이 떨어진다. 가격이 떨어지니 농민들은 이익을 보지 못한다. 농산물 생산이 줄면 가격이 잠시 오른다. 그러면 정부가 재빨리 외국에서 농산물을 수입한다. 돼지고기 값이 오르면 돼지고기 수입량을 늘리고, 과일 가격이 오르면 과일 수입을 늘린다. 잠시 올랐던 가격은 외국 농산물이 들어오면 다시 떨어지고, 농민들은 생산량도 적은데 가격마저 떨어져 크게 손해를 본다. 그래서 농민들은 풍년이 들어도 손해를 보고, 흉년이 들어도 손해를 본다.

정부가 이렇게 농산물 가격을 일부러 계속 낮게 조절하는 이유는 농산물 가격이 낮아야만 낮은 임금이 가능하기 때문이었다. 사람이 안 먹고 살 수는 없는 노릇이므로 농산물 가격이 높으면 낮은 임금이 불가능하다. 임금이 오르면 수출품 가격이 오르고, 수출품 가격이 오르면 수출을 제대로 못한다. 즉 낮은 농산물 가격은 수출품 가격을 낮춰 수출기업의 이익을 보장하기 위한 정책이었던 것이다.

　　그 날 분위기는 그렇게 무겁지 않았다. 그렇다고 시시덕거리며 끝낼 정도로 가벼운 것도 아니었다. 그 자리에 있는 사람 가운데서도 농협에서 융자금 상환(빚을 갚음)을 하지 않는다고 소송을 해서 법원에 불려 다니는 사람이 두셋 되었다. 스스로 진 빚도 문제였지만 서로 연대 보증을 서는 바람에 한 가구가 파산하면 보증을 선 사람 역시 연쇄적으로 파산하는 일이 드물지 않았다. 그래서 어떤 동네 전체가 야반도주를 하는 일까지 벌어졌다는 소문도 돌고 있었다.

……(중략)……

"농사꾼은 빚을 지마 안 된다 카이."

(한번 빚을 지면 그 빚을 갚으려고 무리하게 일을 벌인다. 동네 곳곳에 텅 빈 우사(소 키우는 시설), 마른똥만 뒹구는 축사, 잡초만 무성한 비닐하우스를 보라. 농어민 복지, 소득 향상, 생활 개선? 다 좋다. 그걸 제 돈으로 해야 한다. 제 돈으로 하지 않으면 그건 노름이나 다를 바 없다. 빚은 만근산의 눈덩이, 처마의 고드름처럼 자꾸 커진다.)

……(중략)……

"그런 기 다 쌀값이 언차진다(얹어진다). 언차져야 하는데 사실로는 수매하자마 먹고살기 간당간당한 돈을 준다. 그 대신에 빚을 준다. 자금을 대 준다 카는데 둘

다 안 하면 좋겠다. 둘 다 농사꾼을 바보 멍텅구리로 만든다."

(따라서 제대로 된 농사꾼은 점점 없어진다.)

"지 입에 들어갈 양석(양식), 곡석을 짓는 사람이 그 고마운 곡석, 양석한테 장난 치겠나. 저도 남도 해로운 농약 뿌리고 비싸고 나쁜 비료 쳐서 보기만 좋은 열매 를 뺏으마 그마이가?"

(모두 빚을 갚기 위해 그러는 것이다. 그러므로 빚을 제 주머니에서 아들 용돈 주듯이 내주는 사람, 기관은 다 농사꾼을 나쁘게 만든다. 정책 자금, 선심 자금, 농어촌 구조 개선 자금, 주택 개량 자금, 무슨 무슨 자금 해서 빌려 줄 때는 인 심 좋게 빌려 주는 척하더니 이제 와서 그 자금이 상환 능력도 없는 사람들을 파산 지경으로 몰아넣고 있다. 이제 와서 그 빚을 못겠다고 하는데 거기에는 충 분한 이유가 있다.)

"내가 왜 빚을 안 졌니야고. 아무도 나한테 빚 준다고 안 캐. 바보라고 아무도 보 증 서라는 이야기도 안 했다. 나는 내 짓고 싶은 대로 농사지으면서 안 망하고 백 년을 살 끼라."

「황만근은 이렇게 말했다」 (성석제)

황만근은 어리숙하고 순박한 농민이다. 마을의 궂은일까지 도맡아 한다. 황만근은 어리숙하지만 철저한 철학이 있다. 농민이 빚을 지고 농 사를 지으면 안 되며, 돈만을 목적으로 농사를 지어도 안 된다는 철학이 다. 생명을 길러내는 농민으로서 당연한 철학이지만, 한국의 현실에서는 참으로 실현하기 어려운 철학이기도 하다.

농촌에서 쌀과 보리, 콩과 같은 주곡 농사만으로는 소득이 충분치 않다. 그러다보니 특별한 농작물을 길러 소득을 올려야만 한다. 정부와 농협은 특별한 농작물을 길러 소득을 올리라고 부추긴다. 단지 부추기기만 할 뿐 아니라 돈도 쉽게 빌려준다. 정부와 농협은 정책 자금이니, 시설 자금이니 해서 농민들에게 돈을 빌려주며 특별한 농작물이나 가축을 기르도록 유도한다.

은행은 돈을 빌려줄 때 나중에 돈을 되돌려 받을 수 있을지를 따진다. 돈을 빌리는 사람이 땅이나 집이 있으면 그것을 담보로 잡고 돈을 빌려준다. 보통 서민들은 아파트를 담보로 잡히고 돈을 빌리는 경우가 많다. 그런데 농민들에게는 특별히 돈이 될 만한 재산이 없다. 그래서 농민들이 농협에서 돈을 빌리려면 다른 사람의 보증이 필요하다. 보증은 대출받은 사람이 빚을 안 갚으면 내가 대신 갚아주겠다는 약속이다. 한 마을에서 서로가 서로에게 보증을 서는 경우가 다반사다. 보증을 섰는데 만약 빚을 갚지 못하면 보증을 선 사람이 돈을 대신 갚아야 하므로, 한 집이 망하면 연속해서 다른 집도 파산한다. 파산 위협에 몰린 농민들은 가족을 이끌고 한밤중에 몰래 도시로 도망치기도 한다. 이런 걸 '야반도주'라고 한다. 만약 한 집이 야반도주를 하면 그 집의 빚이 고스란히 보증을 선 사람에게 떨어지기 때문에 마을 전체가 난리가 난다. 그래서 혹시 내가 보증선 사람이 도망가지는 않는지 늘 긴장하며 감시한다. 이런 감시와 긴장이 지배하는 생활이다 보니 농촌 마을의 따뜻한 정은 점점 메말라간다. 이런 일은 지금도 농촌 곳곳에서 벌어지고 있다.

어쨌든 빚을 갚아야 하므로 양심에 어긋나게 해로운 농약을 뿌리고, 나쁜 비료를 쳐서 겉만 번지르르한 농작물을 만든다. 짐승을 기를 때도 해로운 걸 많이 먹인다. 건강한 환경에서 건강한 짐승이 자랄 텐데 그러면 돈을 많이 벌 수 없으므로 농민들은 양심에 어긋나는 방법을 택한다.

이런저런 이유로 농민들은 빚더미에 몰리고, 파산하는 농민이 늘어나며, 농촌을 떠나는 사람도 늘었고, 때로는 모든 걸 포기하고 자살한다.

한국의 농촌은 늙었다. 귀촌하는 젊은이들이 있기는 하지만 늙은 농부만 힘들게 농촌을 지키며 대한민국의 식량을 공급하고 있다. 늙은 농부들마저 떠나고 나면 대한민국의 식량은 누가 책임질까? 자신이 먹을 식량도 생산하지 못하는 나라가 과연 유지될 수 있을까? 언제까지 외국에서 수입하는 식량으로 먹고 사는 게 가능할까? 거리마다 음식점이 넘치고, 방송에서는 요리 프로그램이 인기를 끌고, 한해 수조 원의 음식쓰레기가 버려지는데 그것은 외국에서 수입한 식량들 때문에 가능하다는 사실을 아는가? 세계의 식량 사정이 나빠졌을 때, 과연 대한민국 국민은 생존이 가능할까? 농촌을 희생시키며 이룩한 경제개발이 이제 우리들의 생존을 위협하는 때가 오지 않을까 심히 염려된다.

    "없어지다니 뭐가요?"

"방울재가 없어졌지라유. 몽땅 물에 쟁겨 뿌렸어유. 남은 것이라고는 저 뒷골 감나무뿐인갑네유."

봉구는 황새처럼 목을 길게 뽑아 그들이 서 있는 발부리 아래, 찰랑찰랑 허리가 물에 잠긴 채 빨갛게 익어 가고 있는 접시감나무를 가리켰다.

"그러면 우리가 낚시질하고 있는 여기가 바로 방울재라는 마을이었던 말이우?"

나이가 지긋하고 턱 끝이 도끼날처럼 날캄한 낚시꾼이 흥미가 있다는 말투로 물었다.

"그렇구만유. 우리덜 지붕 위에다 낚시를 던지신 거나 마찬가지지유."

"히야, 지붕 위에서 낚시질이라!"

빨간 모자는 재미있다는 듯 웃었다.

······(중략)······

말이 보상금이지. 보상 가격을 책정해 놓고도 일이 년 뒤에야 지불을 받고 보니 이미 인근 농토 값은 몇 배로 뛰어올라 대토(代土)잡기에 어려웠고, 도회지로 나가서 살자 해도 전세방을 얻고 나면 자전거 하나 사기도 힘든지라, 아무 짓도 못 하고 솔래솔래 곶감 꼬치 빼먹듯 하다가는 두 손바닥 탈탈 털고 영락없이 알거지가 되고 만 집이 어디 한두 사람인가. 봉구 그 자신도 보상금 받아 가지고 읍에 나가서 버스정류장 옆에 가게를 얻어 쌀집을 냈으나 어찌 된 셈인지 남는 것은 없고 옴니암니 본전만 까먹게 되어 전셋돈이나마 가까스로 건져 다시 방울재로 돌아오지 않았는가.

『징소리』(문순태)

그나마 농사를 짓고 살 고향이 있고, 명절이면 찾아갈 고향이 있는 사람들은 나은 축에 속한다. 이런저런 이유로 고향을 통째로 잃어버린 사람들은 과거의 향수로 되돌아갈 기회조차 박탈당했다.

방울재는 댐으로 인해 물속에 잠긴 동네다. 정부는 사람들이 마시고, 공장에 필요한 물을 공급하고, 홍수를 조절하기 위해 나라 곳곳에 많은 댐을 만들었다. 댐을 만드는 곳에 있던 마을은 송두리째 수몰되었고, 사람들은 어쩔 수 없이 정든 마을을 떠나야 했다. 도시에서 온 낚시꾼들에게 마을이 잠긴 곳에서 낚시를 한다는 사실은 신기한 경험이지만, 그곳이 자기 마을이었던 이들에게는 씻을 수 없는 상처다. 돌아갈 고향이 사라진 슬픔은 부모 잃은 자식의 슬픔과 다를 바 없다.

댐으로 고향을 잃은 농민들의 삶은 유랑민과 다름없었다. 보상은 제대로 되지 않았고, 보상금으로 다른 농토(대토)를 사기도 어려웠다. 보상금의 수준이 도시에서 살 수 있을 만큼 큰 돈도 아니었고, 도시에서 할 만한 일도 없었기에 이곳저곳을 떠돌아다니기 일쑤였다. 『징소리』의 방울재 사람들은 마을을 떠났다가 다시 댐 근처로 모여서 낚시꾼들에게 매운탕을 팔아서 근근이 살아간다.

 "그런데 삼포는 어느 쪽입니까?"

정씨가 막연하게 남쪽 방향을 턱짓으로 가리켰다.

"남쪽 끝이오."

"사람이 많이 사나요, 삼포라는 데는?"

"한 열 집 살까? 정말 아름다운 섬이오. 비옥한 땅은 남아 돌아가구, 고기두 얼마든지 잡을 수 있구 말이지."

……(중략)……

정씨 옆에 앉았던 노인이 두 사람의 행색과 무릎 위의 배낭을 눈여겨 살피더니 말을 걸어왔다.

"어디 일들 가슈?"

"아뇨, 고향에 갑니다."

"고향이 어딘데……"

"삼포라구 아십니까?"

"어 알지. 우리 아들놈이 거기서 도자를 끄는데……"

"삼포에서요? 거 어디 공사 벌일 데나 됩니까. 고작해야 고기잡이 하구 감자나 매는데요."

"어허! 몇 년 만에 가는 거요?"

"십 년."

노인은 그렇겠다며 고개를 끄덕였다.

"말두 말우. 거긴 지금 육지야. 바다에 방둑을 쌓아 놓구, 추럭(트럭)이 수십 대씩 돌을 실어 나른다구."

"뭣 땜에요?"

"낸들 아나. 뭐 관광호텔을 여러 채 짓는담서, 복잡하기가 말할 수 없데."

"동네는 그대루 있을까요?"

"그대루가 뭐요. 맨 천지에 공사판 들에다 장까지 들어섰는 걸."

"그럼 나룻배두 없어졌겠네요."

"바다 위로 신작로가 났는데, 나룻배는 뭐에 쓰오. 허허 사람이 많아지니 변고지. 사람이 많아지면 하늘을 잊는 법이거든."

작정하고 벼르다가 찾아가는 고향이었으나, 정씨에게는 풍문(소문)마저 낯설었다. 옆에서 잠자코 듣고 있던 영달이가 말했다.

"잘됐군. 우리 거기서 공사판 일이나 잡읍시다."

그때에 기차가 도착했다. 정씨는 발걸음이 내키질 않았다. 그는 마음의 정처를 방금 잃어버렸기 때문이었다. 어느 결에 정씨는 영달이와 똑같은 입장이 되어 버렸다.

기차가 눈발이 날리는 어두운 들판을 향해서 달려갔다.

「삼포 가는 길」 (황석영)

영달은 떠돌이 노동자다. 정씨는 이곳저곳을 떠돌다 고향인 삼포로 가려고 한다. 술집에서 도망친 창녀인 백화와 함께 고향으로 향한다. 정씨에게 삼포는 아름다운 기억이다. 농토는 넘치고 고기도 풍성하다. 떠올릴 때마다 절로 웃음이 나고 가슴이 따스해진다. 안타깝게도 떠돌이 생활 끝에 찾아간 고향 삼포는 이미 옛날의 삼포가 아니었다. 개발 바람이 불어 다른 도시처럼 공사판이 벌어졌다.

영달은 삼포에 공사판이 벌어졌다면 거기서 일이나 잡자고 한다. 정씨는 '마음의 정처'를 잃었다. 꿈에서라도 찾아가 평안을 찾던 곳을 잃었다. 이제 삼포는 자신이 늘 떠돌던 어느 도시, 어느 공사판과 다를 바없게 되었다. 추억의 고향은 사라졌다. 물에 잠겨 사라진 방울재도, 개발 바람이 불어 사라진 삼포도 이제 더 이상 돌아갈 수 없는 아득한 옛 시간이 되었다. 현대인들은 실제 고향을 잃어버렸을 뿐 아니라 마음의 고향마저도 빼앗겨 버렸다.

빼앗긴 것은 고향만이 아니다. 민족의 얼을 이루던 전통과 문화도 빼앗겼다. 『매잡이』에는 전통과 문화를 빼앗기고 스스로 목숨을 끊는 안타까운 이야기가 담겨 있다.

매잡이 곽 서방은 결국 버버리 한 놈을 데리고 마을을 나섰다. 놈과 둘이서 번개쇠(매)를 부리는 수밖에 없었다. 이제 마을 사람들은 할 일이 없어도 몰이꾼 노릇은 나서려질 않았다. 박달나무 방망이를 하나라도 더 깎아다 장터에서 조 됫박 값을 만들거나, 아니면 차라리 뜨뜻한 아랫목에서 화투판을 벌이는 편이 더 낫다고들 생각했다. 하지만 예전 사람들은 몰이꾼 놀이를 무슨 삯일로 생각했다. 그저 재미만으로 즐거이 몰이꾼을 청해 나서곤 했다. 종일 풀토끼 한 마리 잡지 못해도 좋았다. 하루 종일 산을 타서 몸이 피곤하고 먹을 것은 없어도, 그래도 그들은 얼굴이 붉어져 웃는 낯으로 또 틈 봐서 사냥을 나오자 다짐하며 집으로들 돌아갔다. 꿩이라도 잡히면 물론 더 좋았다. 그런 날은 아예 동네잔치가 벌어졌다. 적은 안주 구실밖에 못했지만 그걸 구실로 자주 술판을 벌였다. 혹시 마을에 혼사나 다른 잔치가 있으면 그 꿩을 그 집으로 보냈다. 그러면 그 집에서 도 떡시루 아니면 술말로 답례를 해 오는 것이 예사였다.

한데 요즘은 매로 잡은 꿩이 장거리에서 돈으로 팔리는 판국이었다. 안주 핑계 하고 술을 마시지도 않았고, 아예 값을 저쪽 처분에 맡기고 잔칫집에 꿩을 보내 는 일도 없으니 답례가 있을 리도 없었다. 하긴 그런 사람들이 되레 터무니없는 쪽일진 모른다. 하지만 그렇게 터무니없는 짓들에 정신을 빼앗기고 살았어도 그 런 사람들은 걱정들이 적었는데……. 요즘은 가로 재고 모로 재고 해서 그런 일 엔 정신 팔 겨를이 없는 양 아득바득대어도 그 사람들 사는 요령에는 어림이 없 었다.

「매잡이」(이청준)

『징소리』의 방울재, 『삼포 가는 길』의 삼포와 달리 『매잡이』의 농촌 은 사라지진 않는다. 다만 옛 삶의 방식이 사라져 갈 뿐이다. 매 사냥은 전통문화요, 옛날식 관습을 보여주는 상징이다. 매 사냥을 벌이는 날은 동네잔치였다. 매 사냥과 관련한 다양한 풍습은 삶의 정취를 일깨우고 공동체를 활기차게 움직이게 만들었다. 매 사냥은 순수와 즐거움이 넘치 는 축제였다. 그러나 이제 누구도 매 사냥을 즐기려 하지 않는다. 매 사냥 은 낡은 풍습이요, 돈도 되지 않는 쓸데없는 옛 풍습으로 취급당한다.

평생 매잡이로 살며, 매잡이를 자기 본질로 여기던 곽 서방은 매 사 냥 풍습이 사라지는 세태를 마주하고 충격을 받는다. 자신이 지켜온 풍 습, 자기 살아왔던 삶의 방식을 그 누구도 원하지 않는다는 사실을 알고 는 절망하고, 결국 곽 서방은 사냥하기 전 매를 굶기듯이 음식을 끊고 자살한다. 매잡이 곽 서방의 죽음은 지금까지 지탱해 온 우리 전통의 죽음을 상징한다. 오랜 시간을 이어 온 전통과 얼은 끊겼다. 한국사 5000년의 전통은 이제 역사책에만 있을 뿐 현실에서는 죽었다.

 옛 것이란 거의 찾아볼 길 없는

성탄제 가까운 도시에는
이제 반가운 그 옛날의 것이 내리는데

서러운 서른 살, 나의 이마에
불현 듯 아버지의 서느런 옷자락을 느끼는 것은

눈 속에 따오신 산수유 붉은 알알이
아직도 내 혈액 속에 녹아 흐르는 까닭일까.

「성탄제」 (김종길)

눈이 내리는 추운 겨울 어린 나는 아팠다. 아버지는 눈 속을 뚫고 붉은 산수유 열매를 따왔다. 눈을 뚫고 오느라 차가워진 아버지의 옷자락에서 전해오는 서늘한 기운은 그 무엇보다 뜨거운 사랑이었다. 옛 것이라고는 찾아볼 길 없는 때가 되어 맞이한 성탄제에 어린 시절처럼 눈이 내리지만 아버지도, 옛 추억도 다 사라지고 없다. 그러나 내 목숨을 구하기 위해 눈 내리는 어둠을 뚫고 오신 아버지의 서늘한 옷자락에서 느껴지던 사랑은 그대로다. 그때의 사랑이 지금도 내 혈액 속에 남아 내 생명을 이어간다.

도시에서 태어나 도시에서 자란 이들에게 고향은 그 개념조차 낯설다. 고향을 오래 전에 떠나온 도시인들도 고향이 더 이상 정겨운 대상이 아니다. 그나마 예전에는 고향을 떠올리며 추억에 잠기기도 했지만, 이젠 더 이상 그런 추억조차 낯설다. 그럼에도 우리에게는 산수유 붉은 알처럼 옛 전통과 고향을 향한 그리움이 혈액 속에 녹아 흐른다. 인간은 자연에서 나와 자연으로 돌아간다. 자연은 인간의 영원한 안식처다. 우리는 고향을 잃어버린 세대지만 여전히 고향을 향한 그리움이 필요하다.

고향과 전통은 인간의 뿌리다. 뿌리 없이 살아가는 생명은 없다.

6

저항, 독재의 억압에 맞서는 목소리들

『모래톱 이야기·돌아온 땅·세상에서 제일 무거운 틀니·필론의 돼지·
개는 왜 짖는가·눈·삼미 슈퍼스타즈의 마지막 팬클럽』

『모래톱 이야기』 속 조마이섬은 20세기 한국현대사의 아픔과 모순이
고스란히 얽힌 장소다. 낙동강 하류에 흙이 쌓이면서 만들어진 조마이
섬은 오랫동안 농민들이 힘들게 지켜온 땅이었다. 농민들은 조마이섬이
자기네 땅이라고 철썩 같이 믿었다. 그러나 권력자들은 농민들의 믿음
따윈 티끌만큼의 관심도 없었다. 일제는 토지조사사업을 통해 조마이섬
을 동양척식주식회사 소유로 만들었고, 농민들은 졸지에 소작인이 되었
다. 독립이 된 뒤에는 국회의원 소유가 되더니 마지막에는 개발 허가를
얻은 어떤 유력자의 손에 들어갔다.

 '건우네 집은 벌써 홍수에 잠기지나 않았을까?'

불안한, 그리고 불길한 예감이 자꾸 들기 시작했다.

"물이 이 정도로 불어나면 건너편 조마이섬께는 어찌 되지요?"

생면 부지한 접낫 패들에게 불쑥 묻기까지 하였다.

"조마이섬?"

돼지 새끼를 안아 내겠던 키다리가 나를 흘끗 쳐다보더니,

"맹지면에서는 땅이 조금 높은 편이라카지만 물이 이래 불으면 마찬가지지요. 만약 어제 그런 소동이 안 일어났지문 밤새 무슨 탈이 났을지도 모를 끼요."

"어제 무슨 일이라도 있었던가요?"

나는 신경이 별안간 딴 곳으로 쏠렸다.

"있다 뿐이라요? 문딩이 쫓아낼 때보다는 덜했겠지마 매립인강 먼강 한답시고 밀가리만 잔득 띠이 처먹고 그저 눈가림으로 해 놓은 둘(둑)을 섬사람들이 우 대들어서 막 파헤쳐 버리고, 본래대로 물길을 티났다 카드만요. 글 안 했으문……."

……(중략)……

섬사람들이 한창 둑을 파헤치고 있을 무렵이었다. 좀 더 똑똑히 말한다면, 조마이섬 서쪽 강둑길에 검정 지프차가 한 대 와 닿은 뒤라 한다. 웬 깡패같이 생긴 청년 두 명이 불쑥 현장에 나타나더니, 둑을 허물어뜨리는 광경을 보자, 이내 노발대발 방해를 하기 시작하더라고. 엉터리 둑을 막아 놓고 섬을 통째로 집어삼키려던 소위 유력자의 앞잡인지 뭔지는 모르되, 아무리 타일러도, "여보, 당신들도 보다시피 물이 안팎으로 이렇게 불어나는데 섬사람들은 어떻게 하란 말이오?" 해 봐도, 들어 주기는커녕 그중 힘깨나 있어 보이는 눈이 약간 치째진 친구가 되레 갈밭새 영감의 괭이를 와락 뺏더니 물속으로 핑 집어 던졌다는 거다. 그곤곤 누굴 믿고 하는 수작일 테지만 후요패설(꾸짖어 욕하고 사리에 어긋나게 말함)을 함부로 뇌까리자 순간 화가 머리끝까지 치밀었을 갈밭새 영감도,

"이 개 같은 놈아. 사람의 목숨이 중하냐, 네 놈들의 욕심이 중하냐?"

말도 채 끝나기 전에 덜렁 그자를 들어 물속에 태질을 해버렸다는 것이다.

「모래톱 이야기」 (김정한)

유력자가 조마이섬 개발을 위해 어설프게 둑을 쌓는 중에 홍수가 난다. 둑이 없다면 홍수가 큰 문제가 되지 않았겠지만 둑 때문에 마을이 위험에 처한다. 둑을 무너뜨려야 위험이 사라질 상황이었기에 마을 사람들은 둑을 무너뜨리려 한다. 그러나 유력자가 보낸 깡패들은 사람보다 둑을 지키려 한다. 사람의 목숨을 파리 목숨으로 여기고, 힘 있는 자의 재산만 지키려는 깡패들을 보자 건우 할아버지(갈밭새 영감)는 불처럼 화가 나 깡패 한 명을 홍수가 난 물속으로 밀어버린다. 건우 할아버지는 살인죄로 잡혀간다.

조마이섬에 얽힌 역사, 홍수가 났을 때 조마이섬에서 벌어진 사건은 한국현대사에서 벌어진 수많은 사건들과 너무나 닮았다. 문제를 일으킨 쪽은 항상 가진 자들이었지만, 마지막에 감옥에 끌려가고, 희생을 당하는 쪽은 늘 힘없는 백성들이었다.

부당한 권력, 불평등한 법은 독재정권의 특징이다. 그런 점에서 이승만, 박정희, 전두환 정권은 명백한 독재정권이었다. 독재정권은 법과 공권력을 사용해 반대자들을 억압했다. 그리고 6·25전쟁을 겪은 한국사회에서 '간첩'이나 '빨갱이'라는 낙인을 찍어 반대자들의 의견을 짓눌렀다. 한국사회에서 간첩이나 빨갱이로 몰리면 설 자리가 없었다. 간첩이나 빨갱이가 아니어도 권력에 반대하면 언제든지 간첩이나 빨갱이로 몰리기도 하였다. 빨갱이 콤플렉스는 권력 관계 뿐 아니라 일상생활에서도 막강한 위력을 발휘했다.

한 남자가 술에 취해 버스에서 여자를 희롱한다. 주위 사람들이 모두 화가 나 그 사람을 몰아붙인다. 그때 검문소가 나타나고 헌병이 차에 올라탄다. 사람들은 주정뱅이를 차에서 잡아가라고 부탁한다. 어찌된

영문인지 주정뱅이 남자는 갑자기 공손한 태도를 취한다. 헌병이 가고 주정뱅이 남자는 다시 소리를 지르는데, 그의 입에서 튀어 나오는 한 단어가 모두를 얼어 붙게 만든다.

헌병은 내려갔다. 버스가 움직였다. 별안간 취한이 숨을 크게 내뿜자 고약한 술냄새가 다시 진동을 했다. 취한이 벌떡 일어났다.

"야, 이 빨갱이놈의 새끼야."

너무 당돌한, 너무 뜻밖의 호칭에 승객들은 어안이 벙벙했다.

"나를 끌어내라고 한 놈은 빨갱이 아니면 공산당일 거야. 틀림없어. 나로 말할 것 같으면 ○○당 ○○군 위원장에다 지금 나는 새도 떨어뜨리는 권○○의 직속 부하다. 이런 나를 감히 끌어내리라고 한 놈이 빨갱이밖에 더 있냐 말야. 이 악질 빨갱이들아."

주정치곤 너무 어처구니없는 주정이었다. 취한은 자기를 끌어내리란 발언을 제일 먼저 한 내 뒤의 남자뿐 아니라 버스 속의 승객 모두를 살기등등한 눈으로 노려보며 고래고래 악을 썼다. 내 뒤의 남자도 어수룩하고 착하디착한 시골농부였지만 딴 승객들도 초라한 부녀자 아니면 죄지은 것 없이 주눅만 잔뜩 들어 뵈는 겁쟁이 남자들뿐이었다. 취한의 충격적인 발언에 분노에 앞서 겁부터 나는지 숨을 죽이고 딴전만 보고들 있었다. 취한은 더욱 기세가 등등해져서 손가락으로 아무 가슴이나 지적하며 신문조로 악을 썼다.

"너도 빨갱이지? 응 너도 빨갱이야. 너도 날 내쫓자고 했지?"

이상한 일이었다. 승객은 한결같이 취한의 좀 전의 횡포는 접어둔 채 취한의 너도 빨갱이지? 하는 지적이 자기 가슴에 떨어질까 봐 그것만 전전긍긍하고 있었다. 입장이 완전히 뒤바뀌어 승객이 죄인이 되고 취한은 죄인을 응징하는 입장이 되어 있었다.

취한은 이 땅에 태어난 사람이라면 누구나 치를 떨며 미워하는 빨갱이라는, 악
중에도 최악을 내세워, 자기가 저지른 악을 최소한으로 축소하고 마침내 무화
(완전히 없앰)하는데 성공한 것이다. 이 땅의 모든 악이란 악은 빨갱이라는 강렬한
최악만 만나면-그게 설사 허상이더라도-맥을 못추고 위축되는 이 땅의 특이한 풍
토를 이 취한은 취중에도 교묘히 이용한 것이다.

「돌아온 땅」(박완서)

여자를 희롱한 취객에 화를 내는 버스 승객들이 빨갱이라니 분명 얼
토당토않은 주장이요, 허세 가득한 술주정이었다. 그럼에도 버스 승객
들은 누구 하나 맞서지 못하고 주눅이 들었다. 6·25전쟁 이후 한국에
서 '빨갱이'란 호칭은 그 어떤 악보다 나쁜 악이었다. 최고의 악인 빨갱
이라는 단어가 나에게 떨어질까 봐 다들 전전긍긍했다. 빨갱이란 낙인
은 한국사회의 구성원이 아니라는 퇴출 명령이었으며, 모든 인권을 박탈
해도 된다는 허가증이었다. 2000년대 들어서는 빨갱이라는 말보다 '종
북주의자(북한을 따르는 자)'라는 비난이 더 많이 쓰인다. 종북주의자도 빨
갱이와 비슷하다. 북한 편을 드는 자, 북한과 같은 주장을 하는 자는 대
한민국 국민의 자격이 없다는 비난이다. 아무튼 이러한 낙인은 반대자
들을 제압하는데 효과를 발휘했고, 남과 북이 진정 화해의 길에 들어서
기 전까지 한국사회에서 사라지지 않을 것이다.

보통 사람들도 '빨갱이'니 '종북주의자'니 하는 말에 주눅이 드는데,
가족 중에 월북한 누군가가 있을 경우에는 더 심한 압박에 시달릴 수밖
에 없다.

어느 날, 우리 식구는 차례차례로 모 정보기관에 연행돼갔다. 드디어 올 것이 온 것이다. 내 육감이 맞아떨어진 것이다. 그곳에는 나의 과거와 현재 또 삼십팔 년 동안 살아오면서 맺은 온갖 인연, 지연의 말초적인 부분까지 유리상자의 표본처럼 질서 있게 정리돼 있었다.

……(중략)……

나는 그(정보기관원) 앞에 그렇게 무력했고 그는 그렇게 전능했다. 그는 내가 완전히 허탈 상태에 빠진 것을 확인한 후 비로소 엄숙히 선언했다. 6·25때 의용군으로 나간 오빠가 이북에서 밀봉교육을 받고 곧 남파되리라는 것이었다. 먼저 남파됐다가 체포된 간첩에 의해 확인된 정확한 정보란다. 오빠가 오면 반드시 집에 들를 테고 그러면 어떻게 하겠느냐고 그는 물었다.

"어떡하긴요. 그야 당연히 시, 신고를 하거나 자수를 시켜야죠."

나는 아주 밉고 서툴게 아양을 떨었다.

『세상에서 제일 무거운 틀니』(박완서)

남북 분단 초기에는 북한에서 간첩이 꽤 넘어왔다고 한다. 주로 한국에 가족을 둔 이들이 간첩으로 보내졌다. 한국사회에서 간첩은 가장 무서운 증오와 두려움의 대상이었다. 간첩은 빨갱이 중의 빨갱이였다. 간첩이 침투해 올 것에 대비해 국민들에게 간첩 식별 요량을 알려주었고, TV에서는 간첩 잡는 드라마가 인기였다. 실제로 북에서 파견한 간첩이 꽤 있었고, 잡히는 경우도 있었다. 그러나 간첩 위협은 지나치게 과장되거나 많은 경우 가짜였다. 정권이 위기에 닥치면 늘 간첩 사건이 터졌다. 수많은 사람들이 간첩으로 오랜 시간 감옥에 갇혔으며, 심한 경우 사형을 당했다.

수십 년이 지난 뒤에야 그때 당시 간첩으로 몰렸던 상당수 사람들이 실제로는 간첩이 아니었고, 고문으로 조작된 사실이 밝혀졌다. 고문과 조작으로 간첩을 잡았던 이들은 그렇게 해서 나라를 지켰다고 항변한다. 인권과 법을 지키면서 간첩을 잡을 수는 없다는 논리였다. 빨갱이를 잡기 위한 폭력과 고문은 당연하다고 주장했다. 북한 간첩의 위협에서 지키려는 것은 폭력과 고문이 없는 민주주의인데 폭력과 고문으로 폭력과 고문 없는 세상을 만들겠다니, 실로 어처구니없는 주장이지만 분단된 한국사회에서는 그런 황당한 논리가 먹혔다.

군대는 빨갱이에 맞서는 최전선이다. 당연히 군대 내 폭력과 억압은 정당화되었다. 박정희, 전두환, 노태우로 이어지는 군인 출신 대통령이 30년 넘게 권력을 장악하면서 사회 곳곳에 군대식 문화가 심어졌으며, 군대식 폭력과 복종이 사회를 지배하며 마치 오래된 전통처럼 여겨졌다.

『필론의 돼지』(이문열)는 군용열차 안에서 벌어지는 폭력을 통해 우리 사회에 만연한 군사문화와 무기력한 군중의 문제를 다룬다. '나'는 군대 생활을 마치고 제대를 한다. 제대를 하는 날 타기 싫은 군용열차를 어쩔 수 없이 탔는데, 그 안에서 돈을 걷는 현역 군인들을 만난다. 제대 군인들은 숫자가 백여 명이었지만 다섯 명밖에 되지 않은 현역 군인들에게 감히 저항을 못한다. 그들의 폭력 앞에 무기력하게 당하며 자기 호주머니에서 돈을 꺼낸다.

"형님들 미안합니다. 고생하는 후배를 위로하는 셈치고 동전 한 푼씩 술값 좀 보태주십시오. 절대로 공짜로 받지는 않겠습니다."

……(중략)……

잠시 객차 한 편이 수런거리는 것 같았으나 검은 각반들의 매서운 눈길이 두어 번 보내지자 이내 조용해졌다. 처음부터 그들의 출현이 못마땅하던 그의 가슴에 은은한 분노의 불길이 타올랐다. 이제 그 모든 불합리와 폭력에서 벗어났다고 생각한 때이기 때문에 더욱 그런 것 같았다. 그러나 그뿐이었다. 그가 할 수 있는 일은 빨리 헌병이나 열차 공안원이 와서 그들을 제지해 주기를 기다리는 것뿐이었다. 하지만 헌병이나 공안원의 특징은 필요 없을 때만 나타나는 점이다. 노래는 다시 계속되고 징수는 계속되었다.

……(중략)……

몇 명의 난폭자에게 고스란히 당하고만 있는 백여 명의 동료들에 대한 혐오감이 갑작스레 홍에 대한 증오로 변해버린 것일까. 그러나 이내 그 증오는 다시 자기혐오로 되돌아왔다. 아, 나의 팔은 너무 가늘고 희구나. 내 목소리는 너무 약하고, 내 심장은 너무 여리구나. 저들의 폭력을 감당하기에는, 학대받고 복종하는 데 익숙한 내 동료들을 분기시키기에는.

『필론의 돼지』 (이문열)

　부당한 대우를 당하는 우리 편 숫자는 많다. 억압하고 폭력을 휘두르는 자는 소수다. 들고 일어나기만 하면 이긴다. 그러나 아무도 먼저 일어서지 않는다. 먼저 일어섰다가 혹시 주위에서 호응하지 않으면 나만 죽는다. 그래서 잠자코 침묵한다. 해방 뒤, 6·25가 끝난 뒤 백성들은 나서면 죽는다는 사실을 배웠다. 침묵이 비열한 줄은 알지만 가장 좋은 생존 기술임을 터득했다. 독재정권은 바로 이 점을 이용해 본보기로 몇 명만 조졌다. 군용열차 안에서 벌어지는 사건은 독재정권이 다수의 백성을 지배하는 방식 그대로다. 자기 한 몸 지키려고 침묵하는 사람들로 인해 독재권력은 유지된다. 침묵을 깰 때 독재권력은 무너진다.

그런 점에서 독재정권을 견제하고, 민주주의를 발전시키는 데 언론은 매우 중요하다. 언론이 바른 말을 전하면 다수의 백성들이 뜻을 함께하여 소수의 독재정권에 맞서서 일어날 힘이 생긴다. 진실이 알려지면 독재는 힘을 못 쓰고, 백성은 뭉쳐서 힘을 발휘한다. 그렇기에 독재정권은 언론을 장악한 채 진정한 언론의 자유를 보장해주지 않았다.

"젊은 순경, 봤지요? 저렇게 자기 허물을 뉘우칠 줄 모르고 큰소리만 치고 있으니 개가 짖지 않고 배기겠소? 정부에서도 충효 어쩌고 했으면, 저런 작자들부터 묶어 가야 할 게 아니요? 그리고 박기자, 어떻소, 이런 사람을 신문에 안 내면 뭣을 신문에 낸단 말이요?"

털보영감이 이번에는 영하를 물고 들어갔다.

"뭐요? 신문에 내다니, 뭣을 신문에 낸단 말이요?"

사내가 털보영감 말을 채뜨리며 시퍼렇게 악을 쓰고 나섰다.

"임자 같은 사람을 신문에 안 내면 뭣을 신문에 낸단 말이여? 개는 짖으라고 있고 신문은 나팔을 불라고 있는 것인데, 개도 못 봐서 짖는 일을 신문기자가 손놓고 있으란 말이여? 신문기자가 개만도 못할 줄 알아?

······(중략)······

편집국에 들어섰다. 무슨 일인지 분위기가 싸늘했다. 모두 입을 봉하고 담배만 빼금거리고 있었다. 항상 생글거리던 문화부 여기자마저 얼굴이 굳어 있었다. 대밭에서 와글와글 지저귀던 참새 떼들이 갑자기 지저귀던 소리를 뚝 그치는 경우가 있다. 위험을 감지하는 순간이다. 그 정적 사이에서 한두 마리가 짹짹거린다. 다시 지저귀거나 모두 와르르 날아간다. 그 한두 마리가 짹짹거리는 소리는 괜찮다거나 위험하다는 신호인 모양이었다. 들판에서 끼룩거리며 먹이를 먹던 기러기 떼도 마찬가지다. 망보던 녀석이 뭐라 길게 소리를 하면 먹이를 먹던 기러기 떼가 모두 고개를 쳐들고 소리를 뚝 그친다. 바로 그런 분위기였다. 그때 정치부장이 국장실에서 나왔다. 우거지상이었다.

"제길 그런 것도 못 쓰면 무얼 쓴단 말이야?"

정치부장은 의자에 엉덩이를 내던지며 창밖을 향해 의자를 핑글 돌렸다. 담배에 불을 붙여 길게 연기를 내뿜었다.

영하에게 갑자기 떠오른 게 있었다. 신문에 내기만 하면 저 죽고 나 죽겠다고 독기를 피우던 또철이의 눈이었다. 영하는 주머니에서 기사를 꺼내 슬그머니 휴지통에 넣어버렸다.

『개는 왜 짖는가』(송기숙)

신문기자인 박영하가 사는 동네에는 '또철'이라는 불효자가 산다. 마을 노인들은 또철이가 부모님에게 불효한다는 사실을 알고 이런저런 위협을 가하지만 또철은 꿈쩍도 않는다. 노인들은 영하가 신문기자라는 걸 알고는 영하에게 또철이 저지르는 불효를 신문에 실을 것을 요구한다. 또철과 같은 불효자를 신문에 실으면, 반성을 하고 제대로 부모님을 모시리라 본 것이다.

또철은 영하가 신문에 자기 이야기를 내면 가만히 있지 않겠다고 소리를 지른다. 그럼에도 '개는 짖으라고 있고, 신문기자는 기사를 쓰라고 있다'는 말에 영하는 용기를 내어 또철과 관련한 기사를 쓴다. 그러나 기사를 쓴 바로 그날 편집국은 뒤집어져 있었다. 신문에 내려했던 기사를 정부에서 쓰지 못하게 압력이 들어왔고, 편집회의에서 기사를 쓰지 말라는 지시가 내려왔기 때문이다. 그 순간 영하는 또철의 독기 품은 눈을 떠올렸다. 괜히 기사를 썼다가 곤란한 상황에 몰리고 싶지 않았다. 양심에는 찔렸지만 기사는 쓰레기통에 버렸다.

『개는 왜 짖는가』는 독재정권 시절 언론이 정부에 철저히 장악되어 있었던 현실을 고발하는 소설이다. 정권의 입맛에 맞지 않은 기사는 나오지 않았으며, 이런 사건은 이렇게 기사를 쓰라는 보도지침까지 주어졌다. 상황이 그러니 이 신문이나 저 신문이나 기사가 똑같았다. 『개는 왜 짖는가』 앞부분에 영하의 아내가 "어차피 이 신문이나 저 신문이나 똑같은데 뭐하러 여러 개를 보느냐?"고 이야기하는데 이는 정부의 통제로 신문기사가 다 똑같이 나오는 상황을 비웃는 말이다.

 기침을 하자.

젊은 시인이여 기침을 하자.

눈 위에 대고 기침을 하자.

눈더러 보라고 마음 놓고 마음 놓고

기침을 하자.

『눈』(김수영)

김수영 시인은 『눈』에서 기침을 하자고 노래한다. 눈은 순순한 양심이다. 가래는 불의에 항거하지 못하는 비겁과 나약함이다. 기침을 하는 행위는 더러움과 비겁을 씻는 행위다. 불의한 세상에 맞서자는 외침이다. 그러한 외침에 호응에 일어나는 사람들이 있었기에 1980년 5·18광주민주화운동이 일어났고, 1987년 6월민주항쟁이 일어났으며, 옛날보다 나은 한국사회로 발전하게 되었다.

구구단을 외우고, 국기에 대한 맹세를 외우고, 국민체조의 순서를 외우고, 국민교육헌장을 외우고, 애국가의 1,2,3,4절 가사를 외우고, 교과서를 외우고, 공책을 외우고, 전과를 외우는 것이다. 그 중에서도 최고의 압권은 단연 국민교육헌장이었다. 실로 지극한 효성의 자식이 아니고서는 도무지 그 도리를 다할 수 없을 만큼이나 그것은 길고, 까다로운 문장으로 구성되어 있었다.

우리는 민족 중흥의 역사적 사명을 띠고 이 땅에 태어났다. 조상의 빛난 얼을 오늘에 되살려, 안으로 자주 독립의 자세를 확립하고, 밖으로 인류 공영에 이바지할 때다.

……(중략)……

과연 슬기로운데다 신념과 긍지를 지님은 물론, 근면하기까지 한 국민의 자식들이었기 때문일까. 나나 내 또래의 아이들은 모두가 저 길고 까다로운 장문을 줄줄 외우고 있었다.

……(중략)……

1982년은 그런 시절이었다. 국민교육헌장의 암기에서 오후 다섯 시만 되면 사람들을 '차렷' 시키던 국기 하강식, 시도 때도 없는 국기에 대한 맹세, 이 또한 빠지면 섭섭한 애국가 제창(4절까지), 쥐를 잡자, 반공의 날, 방첩의 날, 멸공의 날, 민방위의 날, 산불 조심, 그냥 불조심, 보리 혼식 주간, 간첩신고 113…… 도대체 이 따위들이 어린이와 무슨 상관이 있는 걸까. 생각할수록 골치가 아파왔지만 나는 소년이었고, 그저 어른들이 시키는 대로 세상을 살아갈 뿐이었다. 이거야원, 민족의 슬기를 모아 줄기찬 쓰잘데기 없는 짓으로 별 희한한 역사라도 창조

하려는 걸까? 내심 궁금할 때도 있었지만 어쩌랴, 이제 모두 지난 일인데. 좋든 싫든, 아무튼 1982년은 그런 시절이었던 것이다.

「삼미 슈퍼스타즈의 마지막 팬클럽」(박민규)

『삼미 슈퍼스타즈의 마지막 팬클럽』이 묘사한 1982년의 한국사회는 1960년에서 1987년까지 한국사회의 일상이었다. 정부는 사사건건 시민의 삶에 개입했고, 시민들은 정부의 정책에 맞춰 하루하루를 살아갔다. 1987년 6월민주항쟁을 계기로 한국사회는 크게 바뀐다. 사회는 민주화되고, 임금은 올랐으며, 대규모로 중산층이 형성된다. 노동조합이 전국에 걸쳐 결성되고, 통일운동도 활발해졌다. 군인 출신이 아닌 정치인이 대통령이 되었고, 사회 곳곳에 권위주의와 폭력이 사라져갔다.

그렇게 한국사회도 새로운 사회, 인간미가 넘치는 사회로 서서히 변모하는 듯했다. 그러다 1997년 IMF 경제위기기 닥쳤다. IMF는 그동안 살아왔던 삶의 형태를 완전히 바꿔 버렸다. 오랜 경제개발 끝에 최소한 굶어 죽지는 않는다는 믿음 속에서 살았던 사람들은, IMF 위기 이후 생존을 위협받는 처지로 다시 내몰렸다.

중산층이라도 언제든지 파산해서 노숙자로 전락할 수 있다. 대학을 나와도 취직하기 힘들다. 취직을 해도 언제 잘릴지 모른다. 살아남기 위한 자격과 능력을 얻기 위해 학교에서는 더욱 치열한 경쟁이 펼쳐지며 사교육은 급팽창한다. 한국사회를 지배하는 힘은 정치권력에서 '경제권력'으로 서서히 이동한다. 돈을 가진 자가 곧 힘인 사회가 된다. 그 전에도 돈이 중요하긴 했으나 최고는 아니었다. 그러나 IMF 이후 한국에서 돈은 최고일 뿐 아니라 전부가 된다.

문학과 역사는 왜 배워야 하는가?

『삼미 슈퍼스타즈의 마지막 팬클럽·그렇습니까? 기린입니다·
오래된 약속·코끼리·캐비닛』

IMF 이후의 풍경을 담은 소설들도 포함시킬까 생각했지만 시기상조
라 여겼습니다. IMF 이후 형성된 한국사회의 틀에서 어느 정도 벗어난
뒤에야 지금 이 시대를 더 정확히 볼 수 있다고 판단했기 때문입니다. 안
에 머문 채로 안을 정확히 보기는 어렵습니다. 시간이 흐른 뒤 지금의 시
대가 역사로 기록될 때 살펴보는 것이 적절하다고 봅니다.

그럼에도 지금 이 시대를 보여주는 몇몇 작품은 소개하고 싶습니다.

집에서 회사까지는 27개의 크고 작은 교차로와 하나의 대교가 존재한다. 나
는 단 한 번도 이 길을 속 시원히 주행해본 적이 없다. 늘 막히거나, 빨간 불이었
다. 꾸역꾸역 밀려 있는 차들을 보면 때로 고갱의 그림 제목이 떠오른다. 우리는
어디서 와서 어디로 가는가.

나는 단 한 차례의 지각도 결근도 한 적이 없다. 27개의 교차로와 대교로서는
몹시도 서운한 일이겠지만, 설사 그것이 270개의 교차로와 끊어진 대교였다 해

도 결과는 마찬가지였을 것이다. 뒤집어 본다면 가정에 대해선 언제나 지각이나 결근을 했다는 말이 된다.

……(중략)……

여전했던 어느 날 아침, 나는 한 통의 메일을 받았다. 3차 구조조정의 대상자임을 통보하는 메일이었다. 순간 눈앞의 재떨이나 달력을 볼 새도 없이 뜨거운 눈물이 솟구쳤다. 그 순간 알 수 있었다. 나는 일찍 일어난 새가 아니라 일찍 잠을 깬 벌레였다는 것을.

『삼미 슈퍼스타즈의 마지막 팬클럽』(박민규)

우리는 늘 바삐 살았습니다. 27개의 교차로와 하나의 대교를 건너면서도 하루도 지각하지 않은 직장인처럼 회사를 위해, 생존을 위해 최선을 다했습니다. 가정을 위해 일한다면서 가정을 희생시켰습니다. 그렇게 노력했음에도 결과는 해고였습니다. 아직 회사에 붙어 있는 사람도 언제 잘릴지 모릅니다. 누구나 생존의 위협에 떠는 가련한 신세가 되었습니다. 그래서 의사, 공무원, 선생님이 최고 인기 직종입니다. 생존 위협을 받지 않고 살고 싶은 욕망이 전 사회에 퍼진 것이죠.

일터를 돌다 보면 별의별 일을 겪게 마련인데, 모쪼록 그해의 여름이 그러했단 생각이다. 주유소에서 시간당 천오백 원을, 편의점에선 천 원을 받았으므로 나는 늘 불만이 가득했다. 그게 그러니까, 시작 때완 달리 불만이 생기는 것이다. 편의점의 사장은, 이러면서 세상을 배운다—라고 말했지만, 이천 원씩 받고 배우면 어디가 덧나나? 뭐야, 그럼 당신 자식에겐 왜 팍팍 주는데? 를 떠나서— 못해도 이천 원 정도의 일은 하고 있다고 나는 늘 생각했다. ……(중략)……

미안하구나.

아버진 그렇게 얘기했다. 또 그 소리. 내가 일만 한다 하면 늘 같은 소리였다. 처음엔 들을 만했는데, 결국 들으나마나가 돼 버린 지 오래다. 나이 마흔다섯에 시간당 삼천오백 원. 즉 그것이 아버지의 산수였다.

『**그렇습니까? 기린입니다..**』(박민규)

    젊은 청춘들은 알바를 하며 삽니다. 취직을 해도 비정규직입니다. 과거에는 정규직으로 취직했겠지만, 2000년대 이후에는 불안정한 비정규직으로 인생을 시작하고 대부분 그 처지가 바뀌지 않습니다. 우리 사회는 한 사람의 가치를 그 사람이 버는 돈으로 평가합니다. 1,000원을 받으면 1,000원짜리 인생이고, 3,500원을 받으면 3,500원짜리 인생이 됩니다.

    배급이 나오지 않는 상상을 한 번도 해본 적이 없던 사람들은 정말로 배급이 나오지 않자 하늘에서 청천벽력이라도 떨어진 듯 망연자실했다. 산 입에 거미줄 치지 않는다고 했지만, 배급만 기다리고 있던 사람들은 그 자리에서 굶어 죽었다. 살아남은 사람들은 식량을 찾으러 대규모로 이동하기 시작했다. 그때까지만 해도 만금은 어려움이 그렇게 오래, 그리고 비참하게 계속되리라고는 예상하지 못했다. ……(중략)…… 만금은 주위에서 굶주림으로 하나둘씩 죽어가는 것을 보고서도 고난의 행군이 그렇게 길게 이어지리라고는 꿈에서조차 상상하지 않았다. 그렇게 일 년을 버텼다. ……(중략)…… 식량난이 휩쓸고 간 함경북도, 자강도, 량강도, 평안북도 인민들은 차라리 전쟁이 일어나기를 손꼽아 기다렸다. 인민들의 입에서 먼저 전쟁이란 말이 나왔다. 생존의 욕구였다. 사람들은 차라리 전쟁이 일어나면 무슨 수라도 나지 않겠는가 기대했다. 오랜 시간 굶주림에 허덕인 인간이 가지는 자연스런 요구였다.

『오래된 약속』 (윤정은)

북한도 한때 잘나간 적이 있었습니다. 그러나 서서히 한국과 경쟁에서 뒤처지더니 1990년대에 소련이 무너지고, 대홍수를 겪으며 가난한 국가로 전락합니다. 수백만 명이 굶어 죽었고, 압록강과 두만강을 건너 중국으로 탈출했습니다. 탈북자 문제가 본격 거론되었으며, 탈북자들이 한국으로 많이 건너왔습니다. 북한은 이제 세계에서 가장 가난한 나라 중의 하나가 되었습니다.

아버지와 나는 10여 년 전까지 돼지 축사로 쓰였다는, 낡은 베니어판 문 다섯 개가 나란히 붙어 있는 건물에서 살고 있다. 쪽마루도 없는 데다 처마마저 참새 꼬리처럼 짧아 아침이면 이슬에 젖은 신발을 신고 학교에 가야 한다. 며칠 전 주인아주머니는 누런 갱지에 '빈방 있음'이라고 써 3호실 문짝에 붙여 놓았다. 그 방을 지나던 나는 열린 문틈으로 안을 들여다보았다. 벽에는 얼룩과 곰팡이와 낙서가 가득했고, 들뜬 황갈색 비닐 장판 위로는 뽀얀 먼지가 살얼음처럼 깔려 있었다. 비스듬하게 세워진 낡은 캐비닛 뒤쪽 벽에는 쥐가 들락거릴 정도의 작고 새까만 구멍이 뚫려 있는데, 구멍 주위로 자잘한 시멘트 가루와 흙덩이가 흩어져 있어 마치 상처 부위에 엉겨 붙은 피딱지처럼 보였다. 총알에 맞아 쿨럭쿨럭 피를 쏟아내는 심장을 본 것 같은 섬뜩함이 가슴을 오그라뜨렸다.

『코끼리』 (김재영)

탈북자뿐 아니라 외국인 노동자들도 한국에 많이 건너왔습니다. 이들은 한국인들이 피하는 열악한 공장에서 일하며 한국사회를 지탱하는 하나의 축이 되었습니다. 한국사회를 유지하는 중요한 축이 되었음에도 이들의 삶은 열악하기 그지없습니다. 『코끼리』에 묘사된 주거 환경은 차마 떠올리기조차 싫지만 엄연한 현실입니다.

IMF 이후, 한국사회에서는 생존 자체가 힘든 과제가 되었습니다. 피나는 경쟁에서 벗어나 여유를 누리며 살고 싶은 욕구가 누구의 가슴 속에나 꿈틀댑니다. 우리가 왜 이렇게 살아야 하는지 의문을 품는 사람들도 많아졌습니다. 실제로 전혀 다른 선택을 하는 사람들도 꽤 늘었습니다. 도시를 떠나 농촌으로 되돌아가 자연 속에서 살고, 공동체를 일궈 새로운 문화를 만들기도 합니다. 그럼에도 대다수는 여전히 이 고단한 삶을 벗어날 용기를 발휘하지 못합니다.

토포러(topporer)는 매우 긴 잠을 자는 사람을 일컫는 말이다. 토포러들은 짧게는 두 달에서 길게는 이 년 동안 먹지도 깨지도 않은 채 내내 잠만 잔다.

……(중략)……

"……오두막 한쪽에다 짚단이 가득 쌓여 있었는데 그곳에 들어가 잠이 들었어요. 백칠십이 일 동안."

"백칠십이 시간이 아니고요?"

"네, 정확히 백칠십이 일 동안이었죠. 초여름에 들어갔는데 깨어 보니 겨울이 와 있었어요."

"몸은 어떻던가요?"

"매우 상쾌했어요. 새로 태어난 것 같았어요. 조금 야위기는 했지만 괜찮았어요.

그래서 다시 돌아왔죠. 돌아오니 모든 게 엉망이었어요. 당연히 엉망이겠죠. 그렇게 무책임하게 떠나고 연락도 안 되니. 하지만 거기서부터 다시 시작했죠. 상황은 최악이었지만 그때는 그저 살아 있다는 게, 일을 한다는 게 마냥 즐거웠어요."

"요즘 장안의 돈은 허 사장님이 다 쓸어 모은다고 소문이 자자하던데요?"

"뭘요. 그냥 직원들이랑 저랑 겨우 밥 먹고 살죠. 아 참! 얼마 전에 아내와도 다시 합쳤어요. 호주로 날아가서 허름한 모텔에 거주하면서 한 달을 싹싹 빌었다니까요. 하하."

······(중략)······

나는 토포러가 될 가능성이 높다고 생각한다. 나는 잠자는 걸 좋아하고 또 잠이 들면 깨어나기를 싫어하니까. 사실 나는 그저 토포의 늪에 한 번쯤은 풍덩 빠져 보고 싶다. 회사만 안 잘리고, 월급만 제대로 나오고, 보험금이나 적금 통장에 '빵구'만 안 나고, 주위 사람들에게 '인생을 왜 그딴 식으로 사냐.'라는 식의 잔소리만 안 듣는다면 모든 것을 잊고 그저 한 육 개월쯤 푹 자고 싶은 심정이다. 그런데 토포들은 많은 사람들이 이렇게 자질구레한 일들에 계속 신경을 쓰기 때문에 토포 상태에 빠지지 못한다고 말한다.

『캐비닛』(김언수)

현대인들은 쉬고 싶습니다. 쉬고 나면 훨씬 활기차게 잘 생활하겠지요. 그러나 쉬지 못합니다. 이런저런 조건이 안 돼서 못 쉰다고 합니다. 나중에 돈이 되면, 상황이 되면, 조건이 되면, 하면서 뒤로 계속 미룹니다. 그렇게 평생 동안 미루기만 합니다. 그러다 자기 의지가 아니라 나이듦에 의해 억지로 쉴 수밖에 없는 상황이 돼서야 쉽니다. 안타깝게도 그때는 쉬는 게 아닙니다.

휴식도 미루지만 진정한 행복도 뒤로 미룹니다. 대학만 들어가면 행복하겠지, 직장만 들어가면 행복하겠지, 결혼만 하면 행복하겠지, 아파트를 장만하면 행복하겠지, 애들 다 키우면 행복하겠지, 노후 자금 마련하면 행복하겠지. ~하면 행복하겠지. 그러다 노인이 되고 죽음이 가까이에 오면 '죽은 뒤엔 행복하겠지' 하고 생각하게 될까요?

* * *

21세기 초, 대한민국 보통 사람들의 삶이 이렇습니다. 역사란 게 별게 아닙니다. 바로 지금 우리들이 사는 방식이 바로 역사입니다. 역사를 배울 때마다 '그때 그 사람이 이렇게 선택했다면 참 좋았을 텐데~' 하는 상상을 합니다. 그때 그 사람이 다르게 선택했다면 역사가 바뀌고 지금 훨씬 좋은 나라에서 살 텐데 하는 아쉬움이 큽니다. 그래서 지금의 선택이 중요합니다. 지금 우리들의 선택을 두고, 뒷날 누군가는 그때 그 사람이 이렇게 했으면 참 좋았을 텐데 할지도 모릅니다. 뒷날의 누군가가 상상하며 좋았겠다고 생각하는 바로 그 선택을 지금 우리들이 해야 합니다.

그러기 위해서 우리는 역사를 배워야 합니다. 교과서 속에 갇힌 역사가 아니라 생생하게 살아 있는 역사를 배워야 합니다. 생생한 삶을 담은 문학을 읽어야 합니다. 그리하여 제대로 선택하고 제대로 살아야 합니다. 먹고 살기 힘들수록 문학과 역사를 더욱 가까이 하시기 바랍니다. 문학과 역사 속에 힘든 세상을 헤쳐나갈 길이 있으니까요.

시우 박기복

작품 찾아보기